Bernd Ganser (Hrsg.)
Thomas Mayr

Kinder individuell fördern

Kinder leistungsgerecht unterrichten

Bausteine für leistungsheterogene und jahrgangsgemischte Klassen

Band 1

1./2. Klasse

Kopiervorlagen mit Lösungen

Textnachweis:

S. 13 Werner Halle/Klaus Schüttler Jamkulla (Hrsg.): Bilder und Gedichte zu Haus, im Kindergarten und für den Schulanfang. Braunschweig: Westermann 1971. S. 14 Gerda und Rüdiger Maschwitz: Komm, wir essen zusammen – mit den Kindern das Essen erleben. Offenbach/Main: Burckardthaus-Laetre 1986. S. 60 Ernst Jandl: Poetische Werke. München: Luchterhand 1997. S. 74 Marliese Arold: Komm nach Hause, Minka! Bindlach: Loewe 1998; Gunter Preuß: Hundegeschichten. Bindlach: Loewe 1996; Manfred Mai: Ein tierischer Schultag: Ravensburg: Ravensburger Buchverlag 2004.

Gedruckt auf umweltbewusst gefertigtem, chlorfrei gebleichtem
und alterungsbeständigem Papier.

1. Auflage 2009
Nach den seit 2006 amtlich gültigen Regelungen der Rechtschreibung
© by Brigg Pädagogik Verlag GmbH, Augsburg
Alle Rechte vorbehalten.
Das Werk und seine Teile sind urheberrechtlich geschützt.
Jede Nutzung in anderen als den gesetzlich zugelassenen Fällen bedarf der vorherigen schriftlichen Einwilligung des Verlages. Hinweis zu § 52 a UrhG: Weder das Werk noch seine Teile dürfen ohne eine solche Einwilligung eingescannt und in ein Netzwerk eingestellt werden.
Dies gilt auch für Intranets von Schulen und sonstigen Bildungseinrichtungen.
Illustrationen: Bettina Weyland

ISBN 978-3-87101-**362**-1 www.brigg-paedagogik.de

Inhalt

Vorwort 4

1. Einführung 5

   1.1 Heterogenität als Chance 5
   1.2 Unterrichtsprinzipien und Lern- und Arbeitsformen 5

2. Wie arbeite ich mit diesem Buch? 6

   2.1 Schwierigkeitsgrad der Kopiervorlagen 6
   2.2 Sozialformen 6
   2.3 Übersicht über die Kopiervorlagen 7
   2.4 Zum Umgang mit den Kopiervorlagen im Unterricht 11
   2.5 Zwei exemplarische Unterrichtssequenzen 12

3. Kopiervorlagen zum Themenkomplex Obst und Gemüse 13

4. Kopiervorlagen zum Themenkomplex Haustiere 49

5. Kopiervorlagen zum Themenkomplex Fasching 83

Lösungen 118

Vorwort

Heterogene Leistungsspektren in der Grundschule

Gerade in der Grundschule gestaltet sich das Leistungsspektrum innerhalb einer Klassenstufe zunehmend heterogen. Damit wird eine **adäquate individuelle Förderung** von sowohl besonders begabten als auch von leistungsschwachen Schülern zur zentralen methodisch-didaktischen Aufgabe von Schule. Auch auf das unterschiedliche Entwicklungsalter und die unterschiedliche Sozialisation der Kinder innerhalb einer Klasse muss Schule reagieren und vielfältige Möglichkeiten bieten, soziale Verhaltensweisen einzuüben.

Leistungsgerechter Unterricht

Daraus resultiert die Forderung nach **verstärkter Individualisierung** und nach Reduktion normativer Erwartungen. Grundschullehrkräfte mit besonders heterogenen Kindern in ihrer **jahrgangshomogenen** oder **jahrgangskombinierten** Klasse sind stark gefordert, die jungen Menschen diagnosegeleitet zum eigenständigen Lernen anzuhalten. **Leistungsgerecht zu unterrichten** heißt, je nach Leistungsvermögen des Einzelnen **adäquate Anforderungen und Fördermöglichkeiten** parat zu haben.
Dazu bieten sich die in diesem Buch sorgfältig zusammengestellten fächerintegrativen Bausteine an, in die problemlos je nach Bedarf bereits bestehende Unterrichtsvorbereitungen eingebaut werden können.

Hilfe zur Individualisierung und Differenzierung

Der vorliegende Band 1 integriert schwerpunktmäßig die Fächer Deutsch, Mathematik und Heimat- und Sachunterricht der Jahrgangsstufe 1/2. Er bietet für den Regelunterricht bzw. für die Förderung eine unentbehrliche Hilfe zur Differenzierung und Individualisierung. Selbstverständlich eignen sich die Inhalte auch bestens, in speziellen Förderkursen eingesetzt zu werden.

Auf eine Differenzierung des Inhalts nach Jahrgangsstufe 1 und 2 wurde bewusst verzichtet, da dies einer bestmöglichen individuellen Förderung entgegenstehen würde. Weder besonders begabte noch leistungsschwache Kinder sind eben **nicht** in diese Normen einzureihen.

Aufbau und Inhalt des Buches

▶ Dieser zeitsparende Begleiter für den täglichen Unterricht liefert im ersten Kapitel eine kurze und prägnante **Einführung** zum Lernen in jahrgangsgemischten und stark heterogenen Klassen. Zudem wird erläutert, wie mit dem Buch gearbeitet werden kann.
▶ Im **Materialteil** finden sich eine Fülle von Anregungen und direkt einsetzbaren Materialien und Kopiervorlagen. Die kindgemäße Formulierung der Aufgaben bietet den Kindern insbesondere vielfältige Möglichkeiten zu **selbstreguliertem eigenständigen Lernen**.
▶ Die **Kopiervorlagen** ermöglichen eine kontinuierliche Weiterarbeit bzw. Vertiefung einzelner Sachverhalte im Rahmen des Regelunterrichts. Sie eignen sich ebenso problemlos für häusliche Aktivitäten mit und ohne Unterstützung der Eltern. Außerdem können die Bausteine zur **Differenzierung bei Hausaufgaben** herangezogen werden.

Alle Inhalte als Einzelbausteine nutzbar

Die angebotenen Inhalte sind nicht als Lehrgang konzipiert, sondern können jeweils als **Einzelbausteine** zum aktuellen Unterricht passend bearbeitet werden. Genauere Hinweise zum Einsatz des Buches für Eltern und Lehrkräfte finden sich unter Punkt 2.
Sämtliche Aufgabenstellungen sind mehrfach praxiserprobt und kommen mit geringem Materialaufwand aus.

Allen, die mit diesem Buch arbeiten, wünschen wir viel Freude und Erfolg!

1. Einführung

1.1 Heterogenität als Chance

Aufgabe der Schule soll es sein, **jedem Kind eine bestmögliche Ausbildung** zu verschaffen und es optimal zu fördern. Um dies zu erreichen, wurden in unserem Schulsystem die jahrgangshomogenen Klassen eingeführt, da man der Überzeugung war, dass Kinder gleichen Alters auch die gleiche intellektuelle und emotionale Entwicklungsstufe besitzen würden und so ein Unterricht möglich wäre, von dem alle Kinder gleichermaßen profitieren könnten.

Diese Auffassung wird heute in beinahe jeder Schulklasse widerlegt. **Kinder gleichen Alters unterscheiden sich sehr deutlich hinsichtlich ihrer Entwicklung, Reife und intellektuellen und instrumentellen Fähigkeiten und Fertigkeiten.** Hinzu kommen die höchst unterschiedlichen Lebensumstände wie Familien- und Sozialstruktur. Bedenkt man dann noch die Möglichkeiten der vorzeitigen Einschulung bzw. Zurückstellung vom Schulbesuch, erhält man bereits in sogenannten Regelklassen eine immense Heterogenität, die mit herkömmlichem Unterricht kaum adäquat zu bewältigen ist.

Zu alledem entstehen derzeit immer mehr **jahrgangskombinierte Klassen**, d. h. es werden zwei oder mehr Jahrgänge zu einer Klasse zusammengefasst. In solchen Klassen ist die Heterogenität der Kinder zwangsläufig am größten, bietet aber auch vielfältige Lernchancen, die in einer Regelklasse in diesem Maße nicht möglich wären.

So haben die jüngeren Kinder von Anfang an **Vorbilder und Modelle**, an denen sie Regeln, Rituale sowie Arbeits- und Lerntechniken erlernen können. Im Gegenzug steigert sich bei den älteren Schülern das **Selbstwertgefühl**, denn diese Kinder erkennen den eigenen Wissens- und Könnensvorsprung. Auf der anderen Seite stellen die jahrgangshöheren Schüler einen großen Lernanreiz dar und motivieren die jüngeren Kinder, sich noch mehr anzustrengen.

Auch und gerade besonders begabte Kinder haben in einer jahrgangskombinierten Klasse die Möglichkeit der **Akzeleration**, sprich das Durchlaufen zweier Jahrgangsstufen in nur einem Schuljahr.

Aber auch die **leistungsschwachen Kinder** können von der Jahrgangsmischung profitieren. Zum einen sind diese Kinder äußerst einfühlsame und verständnisvolle Helfer für jüngere Kinder, zum anderen bietet sich für diese schwachen Kinder die Möglichkeit, bestimmte Inhalte bei der niedrigeren Klasse noch einmal zu wiederholen und so erneut einzuüben und zu festigen.

Lernen in einer jahrgangskombinierten Klasse fördert auch die sprachliche Kompetenz aller Kinder. Durch die **Helfersysteme** und **freien Arbeitsformen** sind die Kinder immer wieder darauf angewiesen, sich verständlich zu machen und Anliegen, Wünsche und Meinungen zu formulieren.

Weitere positive Aspekte der Jahrgangsmischung sind im **sozialen Bereich** zu suchen. Rollen und Positionen sind weniger stabil als in Regelklassen und jedes Jahr bietet sich für die Kinder durch den Wechsel der Bezugsgruppe die Chance, ihre Rolle neu zu definieren. Nicht zuletzt wird eine Weiterentwicklung der sozialen Kompetenz gefördert, indem jedes Kind im Klassenverband einmal „klein" und einmal „groß" ist.

1.2 Unterrichtsprinzipien und Lern- und Arbeitsformen

Damit Unterricht in einer jahrgangsgemischten Klasse funktionieren kann, sollten einige Unterrichtsprinzipien verwirklicht werden. So müssen die Kinder von Anfang an zur **Selbstständigkeit** hingeführt und erzogen werden. Dabei ist es wichtig, die Kinder in ihrem **eigenen Lerntempo** arbeiten zu lassen, denn schließlich ist die Qualität der Lernergebnisse entscheidend! Auch sollte den Kindern beim Lernen ein gewisses Maß an **Autonomie** zugestanden werden. Das stärkt das Selbstbewusstsein der Kinder und entlastet auch die Lehrkraft. Dass dies nur möglich ist, wenn alle Kinder diszipliniert zusammenarbeiten, versteht sich von selbst. Deshalb ist Disziplin auch eine der wichtigsten Voraussetzungen für das gemeinsame Lernen. Schließlich sollte es selbstverständlich sein, dass die jahrgangshöheren Kinder die Pflicht haben, den kleineren zu helfen.

Um den Unterricht in der oben beschriebenen Weise zu verwirklichen, sind bestimmte Lern- und Arbeitsformen besonders geeignet. Hierzu zählen die **Partner- und Gruppenarbeit** sowie die **Arbeit an Stationen** oder an einer **Lerntheke**. Lernen die Kinder dann noch, mit einem **Tages- oder Wochenplan** umzugehen, kann die Individualisierung des Unterrichts noch weiter vorangetrieben werden und die Kinder können selbstständig und in ihrem Tempo voranschreiten.

2. Wie arbeite ich mit diesem Buch?

In der Praxis hat es sich bewährt, die Inhalte der einzelnen Fächer über Themenschwerpunkte zu erarbeiten, die aus unmittelbaren kindlichen Lebensbereichen stammen.

Dem trägt dieses Buch Rechnung, indem besondere Ereignisse im Jahreslauf (z. B. Weihnachten, Fasching, Ostern) und Themen aus dem Heimat- und Sachunterricht aufgegriffen werden. Daraus ergibt sich auch problemlos die Vernetzung der einzelnen Unterrichtsfächer.

Die im Buch enthaltenen Kopiervorlagen ermöglichen einen differenzierten methodisch-didaktischen Einsatz: Sie können zum Einstieg in eine Thematik dienen, eignen sich aber auch zur Ausweitung in unterschiedlichste Richtungen, je nach Interessenlage und kognitiven Fähigkeiten der Kinder.

Außerdem können die Materialien sowohl im geschlossenen Unterricht als auch im Rahmen von Stationentrainings eingesetzt werden.

Sollten Sie zu einzelnen Themenblöcken bereits passende Unterrichtsvorbereitungen parat haben, kein Problem: Mit den vorliegenden Kopiervorlagen zaubern Sie ohne großen Zeitaufwand abwechslungsreiche Zusatzbausteine, etwa für die innere Differenzierung oder für die Wochenplanarbeit.

Mit der unten abgedruckten Übersicht erhalten Sie auf einen Blick die wichtigsten Informationen zum direkten Einsatz im Unterricht – separat für jede Kopiervorlage:

- Unterrichtsfach
- Beschreibung des Schwerpunktes
- Schwierigkeitsgrad
- Sozialformen
- Didaktisch-methodische Hinweise

2.1 Schwierigkeitsgrad der Kopiervorlagen

Diese Einteilung soll eine grobe Richtlinie sein. Besonders leistungsstarke Erstklässler sind selbstverständlich in der Lage, Materialien mit ★ ★ ★ oder ★ ★ ★ ★ zu bearbeiten und es mag durchaus sein, dass ein sehr leistungsschwacher Zweitklässler Materialien mit ★ oder ★ ★ bearbeitet.

Eine weitere Möglichkeit, auch schwache Schüler anspruchsvolle Kopiervorlagen bearbeiten zu lassen, besteht natürlich in einer Partner- oder Gruppenarbeit mit leistungsstärkeren Schülern.

Viele der Kopiervorlagen enthalten zudem offene Aufgabenstellungen und die Möglichkeit, thematisch weiterzuarbeiten. Dies stellt eine zusätzliche individuelle Differenzierungsmöglichkeit dar!

2.2 Sozialformen

Die Kopiervorlagen können in der Regel in allen beschriebenen Sozialformen verwendet werden. Die angegebenen Symbole sollen deshalb nur einen Vorschlag darstellen. Arbeitet man an Stationen oder innerhalb eines Wochenplanes, ist es vernünftig, den Schülerinnen und Schülern eine gewisse Wahlfreiheit zu gewähren. Die Symbole helfen also auch den Kindern, sich für die geeignete Sozialform zu entscheiden.

Die Kopiervorlagen eignen sich außerdem bestens, um differenzierte Hausaufgaben zu stellen.

2.3 Übersicht über die Kopiervorlagen

KV	Seite	Fach	Beschreibung	Schwierigkeit	Sozialform	Kommentar
	**Obst und Gemüse**					
1	13	D/HSU	Lesen, Infotexte	★★ / ★★★	☺/☺☺	Gedicht; kann auch gemeinsam gelesen und szenisch dargestellt werden
2	14	D/HSU		★★ / ★★★★	☺/☺☺	Ende der Geschichte abschneiden und Kinder erzählen lassen
3	15	D/HSU		★ / ★★	☺/☺☺	Für Leseanfänger/schwache Leser; Silben am besten laut klatschen
4	16	D/HSU		★★ / ★★★	☺/☺☺	
5	17	D/HSU		★ / ★★	☺	Lese-Mal-Blatt
6	18	D/HSU		★★★ / ★★★★	☺/☺☺	Kann ständig erweitert werden; Ausstellung/Präsentation möglich
7	19	D/HSU		★★★ / ★★★★	☺/☺☺	
8	20	D/HSU		★★ / ★★★	☺/☺☺	Infotext; Grundlage „gesunde Ernährung"
9	21	D/HSU		★★ / ★★★	☺	Leseübung
10	22	D/HSU		★★★ / ★★★★	☺/☺☺☺	„Forscherauftrag" für zu Hause; Weiterarbeit in der Klasse
11	23	D	Arbeit am GWS	★★ − ★★★★	☺/☺☺	Arbeit am GWS mit vielen unterschiedlichen Übungsmöglichkeiten
12	24	D		★★ − ★★★★	☺/☺☺	
13	25	D	Namenwörter	★★ / ★★★	☺	Erarbeitung und Übung der Regeln für Nomen/Substantive
14	26	D		★★ / ★★★	☺	
15	27	D		★★ / ★★★	☺	
16	28	D/HSU	Vorgangsbeschreibung	★★★ / ★★★★	☺☺/☺☺☺	Rezepte (Vorgänge) zum Nachmachen; eigene Beschreibungen als Weiterarbeit
17	29	D/HSU		★★★ / ★★★★	☺☺/☺☺☺	
18	30	D/HSU	Obst- und Gemüserätsel	★★ / ★★★	☺/☺☺	Rätsel lösen und dann selbst welche schreiben; Rätselheft/-kartei anlegen
19	31	D/HSU		★★ / ★★★	☺/☺☺	
20	32	D/HSU	Domino	★ / ★★	☺/☺☺	Dominos mit verschiedenen Anlauten; auch für ganz Schwache geeignet
21	33	D/HSU		★ / ★★	☺/☺☺	
22	34	D/HSU	Memory	★★ / ★★★	☺☺/☺☺☺	Lesememory; kann mit Eigentexten erweitert werden
23	35	D/HSU		★★ / ★★★	☺☺/☺☺☺	
24	36	M	Sachrechnen	★★ / ★★★	☺/☺☺	Situationsbilder; Kinder finden nach eigenem Leistungsvermögen Aufgaben
25	37	M		★★ / ★★★	☺/☺☺	
26	38	M	Kombinatorik	★★★ / ★★★★	☺/☺☺	Kombinatorik; vorher Einführung nötig

KV	Seite	Fach	Beschreibung	Schwierigkeit	Sozialform	Kommentar
\multicolumn{7}{c}{**Obst und Gemüse**}					
27	39	M	Knobeln	★★★ / ★★★★	☺	Geheimschrift; eigene Weiterarbeit; Differenzierung nach Schwierigkeit
28	40	M	Anzahlen, Verdoppeln, Halbieren	★ / ★★	☺/☺☺	Sachsituationen; zum besseren Verständnis eventuell nachspielen lassen
29	41	M		★★ / ★★★	☺/☺☺	
30	42	M		★★ / ★★★	☺/☺☺	
31	43	M		★★★ / ★★★★	☺/☺☺	
32	44	Kunst	Bildbetrachtung	★ – ★★★★	☺/☺☺	Passt sehr gut zum Thema; Variante: Ausschneiden von Obst und Gemüse und Figuren legen
33	45	Kunst	Gestalten mit Pappmaché	★ – ★★★★	☺☺/☺☺☺	Weitere Möglichkeit für den Kunstunterricht; Dekoration fürs Erntedankfest
34	46	Kunst		★ – ★★★★	☺☺/☺☺☺	
35	47	Musik	Kartoffel-Boogie	★ – ★★★★	☺☺☺	Lied: Begleitung mit Körperinstrumenten möglich
36	48	Sport	Sportliches Erntedankfest	★★★ / ★★★★	☺☺☺	Karten am besten laminieren und in den Sportunterricht mitnehmen
\multicolumn{7}{c}{**Haustiere**}					
37	49	D/HSU	Infotexte Haustiere	★★ / ★★★	☺/☺☺	Infotexte über Hund und Katze; ähnliche Texte und Schaubilder sollten als Weiterarbeit über andere (Haus-)Tiere erstellt werden
38	50	D/HSU		★★ / ★★★	☺/☺☺	
39	51	D/HSU		★★ / ★★★	☺/☺☺	
40	52	D/HSU		★★ / ★★★	☺/☺☺	
41	53	D/HSU		★★★ / ★★★★	☺	Infotexte Meerschweinchen; dazu malen und eventuell ergänzen; Wichtiges unterstreichen
42	54	D/HSU		★★★ / ★★★★	☺	
43	55	HSU	Arbeitsaufträge zur Weiterarbeit	★★★ / ★★★★	☺☺/☺☺☺	„Forscherauftrag" für zu Hause; Tierordner anlegen; Grundlage für Referat
44	56	HSU		★★ / ★★★	☺/☺☺	
45	57	D	Lesetexte	★★ / ★★★	☺	Lesetext mit Wortlücken; könnte für andere Tiere von den Kindern selbst hergestellt werden
46	58	D		★ – ★★★★	☺	Lesetext mit anschließender Schreib-/Malaufgabe; schwachen Lesern den Text vorlesen!
47	59	D		★ / ★★	☺	Lese-Mal-Arbeitsblatt
48	60	D		★★ – ★★★★	☺/☺☺	Gedicht; Weiterarbeit zu anderen Vokalen gut möglich; Ausstellung der Ergebnisse!

KV	Seite	Fach	Beschreibung	Schwierigkeit	Sozialform	Kommentar

KV	Seite	Fach	Beschreibung	Schwierigkeit	Sozialform	Kommentar
				Haustiere		
49	61	D/HSU	Hundememory	★ – ★★★★	☺☺/☺☺☺	Differenziertes Memory; Bild + Name für schwache Leser; Name + Beschreibung für gute Leser; Bild + Name + Beschreibung für sehr leistungsstarke Kinder; Ergänzungen möglich; für andere Tierarten selbst erstellen lassen
50	62	D/HSU		★ – ★★★★	☺☺/☺☺☺	
51	63	D/HSU		★ – ★★★★	☺☺/☺☺☺	
52	64	D/HSU	Katzendomino	★★ / ★★★	☺☺	Lesedomino zur Katze; für andere Tiere können die Kinder selbst ein Domino entwerfen
53	65	D/HSU		★★ / ★★★	☺☺	
54	66	D	Wortfeld Haustiere	★★ / ★★★	☺/☺☺	Thematischen Wortschatz anlegen; zum Geschichtenschreiben weiterverwenden!
55	67	D	Übungen zum GWS	★ – ★★★★	☺/☺☺	Wörter des Grundwortschatzes
56	68	D		★ – ★★★★	☺/☺☺	Differenzierte Übungen zum GWS
57	69	D		★★ / ★★★	☺/☺☺	Lese-Schreib-Übung; beliebig erweiterbar
58	70	D	Zusammengesetzte Substantive, Sätze	★★★ / ★★★★	☺	Strukturierte Übungen zu zusammengesetzten Nomen/Substantiven; für andere Tiere erweiterbar
59	71	D		★★★ / ★★★★	☺/☺☺	
60	72	D/HSU	Tierpflege/Verantwortung	★★ / ★★★★	☺/☺☺	Sätze schreiben; Differenzierung: Ausbau zu einer Erzählung
61	73	D/HSU		★★★ / ★★★★	☺☺	Abschluss: Diskussion über verantwortungsvolle Tierhaltung
62	74	D	Geschichtenbausteine	★★ – ★★★★	☺	Geschichtenanfänge zum Weiterschreiben; verschiedene Geschichtenverläufe vergleichen; Geschichtenbuch anlegen
63	75	M	Haustiere an unserer Schule/Statistik	★★ – ★★★★	☺☺☺	Umfrage durchführen und Ergebnisse darstellen; Technik in anderen Bereichen verwendbar!
64	76	M		★★★ / ★★★★	☺☺☺	
65	77	M	Sachrechnen	★★ – ★★★★	☺/☺☺	Tierrekorde zum Rechnen; Weiterarbeit leicht möglich, eventuell als „Forscherauftrag" für zu Hause
66	78	M	Rechenbild	★ – ★★★	☺	Situationsbild; Rechenaufgaben selbst suchen lassen und vergleichen
67	79	Kunst	Kind mit Taube	★ – ★★★★	☺/☺☺	Bildbetrachtung mit Arbeitsaufträgen; weitere Ausgestaltung frei
68	80	Kunst		★ – ★★★★	☺/☺☺	

KV	Seite	Fach	Beschreibung	Schwierigkeit	Sozialform	Kommentar
\multicolumn{7}{c}{Haustiere}					
69	81	Sport	Haustiere darstellen und spielen	★ – ★★★★	☺☺☺	Karten am besten laminieren!
70	82	D	Tierische Redensarten	★★ – ★★★★★	☺/☺☺	Anlegen einer Kartei für die Klasse möglich; Ausweitung auf andere Redensarten; als differenzierte Hausaufgabe denkbar
\multicolumn{7}{c}{Fasching}					
71	83	D/HSU	Infotexte Fasching	★★ / ★★★	☺/☺☺	Infotexte zum Fasching mit differenzierten Arbeitsaufträgen; weitere Informationen könnten von zu Hause oder aus dem Internet eingeholt werden; Grundlage für ein Kurzreferat; eventuell Migrationshintergrund der Kinder beachten!
72	84	D/HSU		★★ / ★★★	☺/☺☺	
73	85	D/HSU		★★ / ★★★	☺/☺☺	
74	86	D/HSU		★★★ / ★★★★★	☺/☺☺	
75	87	D/HSU		★★★ / ★★★★★	☺/☺☺	
76	88	D/HSU		★★ – ★★★★	☺☺/☺☺☺	
77	89	D/HSU	Lesetexte	★★ / ★★★	☺/☺☺	Gedicht; individuelle Weiterarbeit möglich
78	90	D/HSU		★★ / ★★★	☺	Lesen und Reimwörter finden
79	91	D/HSU		★ / ★★	☺☺	Partnerlesen; wer will, kann das Gedicht dann vor der Klasse vortragen
80	92	D/HSU		★★ / ★★★	☺	Lese-Mal-Blatt
81	93	D	Rechtschreiben	★★ / ★★★	☺/☺☺	Wörter aus dem GWS mit differenzierten Übungsmöglichkeiten
82	94	D		★★★ / ★★★★★	☺/☺☺	Übung zu F/V; unbedingt Wörterbuch verwenden lassen; differenzierte Zusatzaufgaben
83	95	D		★ / ★★	☺	Purzelwörter; kann leicht erweitert und individuell angepasst werden
84	96	D		★★ / ★★★	☺/☺☺	Weiterarbeit: selbst ein Gitterrätsel entwerfen!
85	97	D	Wortfeld Fasching	★★ / ★★★	☺/☺☺	Thematischen Wortschatz anlegen und in einer Geschichte verwenden; Veröffentlichung!?
86	98	D		★ – ★★★★	☺	
87	99	D	Sprache untersuchen	★★ – ★★★★	☺/☺☺	Differenzierte Übungen zur Unterscheidung der Wortarten
88	100	D		★★ – ★★★★	☺	
89	101	D		★★★ / ★★★★★	☺☺	Differenzierte Übungen mit Verben; thematischen Wortschatz von KV 85 verwenden; Pantomime nicht vergessen!
90	102	D		★★ / ★★★	☺☺	Mehrzahlbildung mit Umlauten; individuelle Weiterarbeit; Wörterbuch zur Verfügung stellen!

KV	Seite	Fach	Beschreibung	Schwierigkeit	Sozialform	Kommentar
			Fasching			
91	103	D	Texte verfassen	★★★ / ★★★★	☺☺/☺☺☺	Bastelanleitung wird ausformuliert und am besten praktisch durchgeführt, evtl. in Zusammenarbeit mit dem Fach Werken; Ausstellung möglich; evtl. Rahmenthema für Masken festlegen
92	104	D		★★★ / ★★★★	☺☺/☺☺☺	
93	105	D		★★★ / ★★★★	☺☺/☺☺☺	
94	106	M	Sachrechnen	★ – ★★★★	☺/☺☺	Situationsbild mit differenzierten Arbeitsaufträgen und individueller Weiterarbeit
95	107	M		★ – ★★★★	☺/☺☺	
96	108	M	Rechnen/ Arithmetik	★ / ★★	☺	Rechenpuzzle für schwächere Rechner mit Selbstkontrolle
97	109	M		★★ – ★★★★	☺	Rechenirrgarten im Zahlenraum bis 100 mit Selbstkontrolle
98	110	M		★★ / ★★★	☺☺/☺☺☺	Differenzierte Aufgabenkärtchen für das Spiel auf KV 105
99	111	M		★★★ / ★★★★	☺☺/☺☺☺	
100	112	M	Kombinatorik	★★ – ★★★★	☺/☺☺	Übung zur Kombinatorik; zur Veranschaulichung evtl. Tafelmaterial vorbereiten oder Teile auf OHP zeigen (es gibt 8 unterschiedliche Möglichkeiten!)
101	113	M		★★ – ★★★★	☺/☺☺	
102	114	D/HSU	Spiel zum Fasching	★ – ★★★★	☺☺/☺☺☺	Fragekärtchen für Spiel auf KV 105
103	115	Kunst	Tütenmasken	★ – ★★★★	☺/☺☺	Einfache Bastelanleitung wenn's schnell gehen muss; auch als Hausaufgabe denkbar
104	116	Musik	Wenn der Elefant in die Disco geht	★ – ★★★★	☺☺☺	Szenische Darstellung während des Singens unbedingt anzuraten!
105	117	D/HSU M	Spielplan	★ – ★★★★	☺☺/☺☺☺	Spielplan für Würfelspiel; alternativ Karten von KV 98/99 oder KV 102 verwenden

2.4 Zum Umgang mit den Kopiervorlagen im Unterricht

Um Kinder individuell fördern und leistungsgerecht unterrichten zu können, ist die Unterrichtsplanung gewissen Voraussetzungen anzupassen. Dabei spielt die Wahl der Arbeits- und Sozialform eine entscheidende Rolle. In einer Klasse mit großer Leistungsheterogenität oder mehreren Jahrgängen zusammen kann nur sehr wenig gleichschrittig unterrichtet werden. Immer wieder ist man „gezwungen", Gruppen zu bilden oder die Schülerinnen und Schüler selbstständig in ihrem eigenen Tempo und nach ihrer individuellen Leistungsfähigkeit arbeiten zu lassen. Die Stationenarbeit oder der Wochenplan bieten hier immense Vorteile, da über diese Arbeitsformen Differenzierung und Individualisierung sehr gut möglich sind. Zudem „gewinnt" die Lehrkraft Zeit, um sich besonders hilfebedürftigen Kindern zu widmen, Förderunterricht zu praktizieren oder die Kinder beim Arbeiten zu unterstützen.

Selbstverständlich können die meisten Kopiervorlagen auch im „gebundenen" Unterricht eingesetzt werden! Um die Einsatzmöglichkeiten der Kopiervorlagen noch weiter zu erläutern, werden nachfolgend zwei exemplarische Unterrichtssequenzen aufgezeigt.

2.5 Zwei exemplarische Unterrichtssequenzen

Sequenz 1:

Einführung in das Thema „Obst und Gemüse"

1. Sitzkreis: in der Mitte steht verdeckt ein Korb mit Obst und Gemüse.
2. Der Korb wird aufgedeckt, die Kinder benennen die Obst- und Gemüsesorten.
3. Die Lehrkraft stellt Wortkarten dazu, erläutert das Thema.
4. Die Kinder sollen nun Obst genauer kennenlernen.
5. Die Lehrkraft gibt den Kindern Auftragskarten: Hier sind die Kopervorlagen vermerkt, die bearbeitet werden sollen (falls einige Kinder noch nicht lesen können, mit Farben markieren!), und auch die Zusatzaufgaben.
   - **Gruppe 1 (Erstleser und sehr Schwache):** KV 5, KV 3,
     Zusatzaufgabe KV 20
   - **Gruppe 2 (mittleres Leistungsniveau):** KV 1, KV 18,
     Zusatzaufgabe KV 22+23
   - **Gruppe 3 (hohes Leistungsniveau/viel Vorwissen):** KV 18, KV 19,
     Zusatzaufgabe KV 22+23 spielen und weiterentwickeln
6. Gemeinsamer Abschluss mit Ausblick auf weiteres Vorgehen.

Sequenz 2:

Übung mit dem Grundwortschatz zum Thema „Obst und Gemüse"

1. Die Lehrkraft verteilt KV 11 an alle Kinder; die Kinder schneiden die Wortkarten aus (wenn öfter mit Wortkarten gearbeitet wird, empfiehlt sich eine kleine, fest verschließbare Box zum Aufbewahren).
2. Die Kinder arbeiten dann individuell mit ihren Wortkarten.
   - Die Lehrkraft kann je nach individuellem Leistungsstand bestimmte Ziffern auf KV 12 markieren oder die Kinder selbst auswählen lassen.
   - Erstleser oder Kinder, die noch kaum lesen können, sollen zunächst die Wortkarten erlesen, Silbenbögen daruntermalen (die Lehrkraft sollte diese kontrollieren!) und anschließend die Nummer 8 von KV 12 bearbeiten.
   - Kopiert man die KV 11 auf verschiedenfarbiges Papier, können immer zwei Kinder mit ihren Karten Memory spielen.
3. Eventuell gemeinsamer Abschluss: Wortkarten an der Tafel werden nach „Gefahrenstellen" untersucht und diese farbig markiert.

Gemüseball

Gestern Abend auf dem Ball
tanzte Herr von Zwiebel
mit der Frau von Petersil.
Ach, das war nicht übel.

Die Prinzessin Sellerie
tanzte fein und schicklich
mit dem Prinzen Rosenkohl.
Ach, was war sie glücklich!

Der Baron von Kopfsalat
tanzte leicht und herzlich
mit der Frau von Sauerkraut.
Doch die blickte schmerzlich.

Ritter Kürbis, groß und schwer,
trat oft auf die Zehen.
Doch die Gräfin Paprika
ließ ihn einfach stehen.

Heute Abend auf dem Ball
tanzt die Frau Melisse
mit dem Herren von Majoran,
tritt ihm auf die Füße.

(Werner Halle)

Kim und der Salat

Eigentlich mag Kim Salat sehr gerne.
An diesem Tag jedoch stochert sie
aber lustlos darin herum.
Sie isst nicht weiter.
„Komm", sagt die Mutter, „iss deinen Salat auf!"
Kim rührt weiter in ihrer Salatschüssel.
„Ich mag nicht", sagt sie.
„Kim, was soll das denn? Iss jetzt bitte zu Ende! Salat ist gesund, außerdem hast du noch Käse und Möhren dabei."
Aber Kim schüttelt nur den Kopf.
Langsam wird ihre Mutter wütend.
„Kim, was soll das denn? Ich möchte aufräumen und aufstehen, entweder du isst jetzt weiter oder ich gebe dir den Salat heute Abend wieder."
„Igitt", sagt Kim. „Schon wieder Salat."
„Kim, ich verstehe dich nicht", stöhnt die Mutter.
„Komm her, ich räum' jetzt ab. Mach, dass du nach oben kommst!"

Sie nimmt die Schüssel, schaut hinein und sieht einen
kleinen Wurm und eine Schnecke.
„Verstehst du jetzt?", fragt Kim.
„Ja", nickt Mutter, „aber warum hast du denn
nichts gesagt?"
„Ich dachte, die beiden haben auch Hunger,
sie sollten sich erst mal satt essen."

Lies die Wörter und verbinde!

B Bi Bir Birn Birne Bir ne		G Gu Gur Gurk Gurke Gur ke	
K Ki Kiw Kiwi Ki wi		B Bee Beer Beere Bee re	
A An Ana Anan Anana Ananas Ana nas		T To Tom Toma Tomat Tomate To ma te	
S Sa Sal Sala Salat Sa lat		E Er Erb Erbs Erbse Erb se	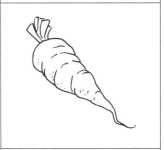
B Ba Ban Bana Banan Banane Ba na ne		W Wa Wal Waln Walnu Walnuss Wal nuss	
T Tr Trau Traub Traube Trau be	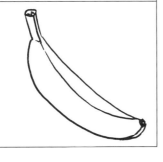	M Möh Möhr Möhre Möh re	

Lies die Wörter und verbinde!

Knob lauch   Knoblauch
Kohl ra bi   Kohlrabi
Pa pri ka   Paprika
Kar tof fel   Kartoffel
Avo ca do   Avocado
Zu cker mais   Zuckermais
Ap ri ko se   Aprikose
Oran ge   Orange
Zi tro ne   Zitrone
Erd bee re   Erdbeere

Lies und male!

Apfel	Banane	Birne	Kiwi
Traube	Melone	Pflaume	Ananas
Mango	Orange	Zitrone	Erdbeere
Himbeere	Aprikose	Pfirsich	Limone

Gemüse-Kartei

Name:

Diese Sorten gibt es:

Säen oder pflanzen muss man es im:

Diese Teile werden gegessen:

Hier wird es angebaut: ☐ Freiland ☐ Gewächshaus

So kann man es kaufen: ☐ frisch ☐ getrocknet
☐ tiefgefroren ☐ als Konserve

Im Garten kannst du es zu dieser Zeit ernten:

Darum ist es besonders gesund:

Aus diesen Ländern kann das Gemüse kommen:

Ich mag es ☐ sehr gerne ☐ weniger ☐ gar nicht

Obst-Kartei

Name:

Diese Sorten gibt es:

So wächst es:

Das kann man daraus machen:

So kann man es kaufen: ☐ frisch ☐ getrocknet
 ☐ tiefgefroren ☐ als Konserve

Im Garten kannst du es zu dieser Zeit ernten:

Darum ist es besonders gesund:

Aus diesen Ländern kann das Obst kommen:

Ich mag es ☐ sehr gerne ☐ weniger ☐ gar nicht

Gesundes Essen

Hier siehst du den sogenannten Ernährungskreis.
Darin kannst du entdecken,
was wir so alles essen.
Auch Obst und Gemüse kannst du dort finden!

Du hast den Satz „Obst und Gemüse sind wichtig für dich!"
bestimmt schon hundertmal gehört.
Aber er stimmt!
Wie du erkennen kannst, enthalten Obst und Gemüse viele
Vitamine, Ballaststoffe und Mineralien.
Das sind Stoffe, die wir für unsere Gesundheit unbedingt brauchen
und die unser Körper nicht selbst herstellen kann.
Obst und Gemüse machen dich also satt, kräftig und gesund.
Darum ist es wichtig, jeden Tag Obst und Gemüse zu essen.

Lies die Sätze und kreuze an!

	ja	nein
Rohe Kartoffeln sind giftig.		
Äpfel wachsen unter der Erde.		
Karotten sind Wurzeln.		
Äpfel und Birnen sind Kernobst.		
Zitronen schmecken süß.		
Aus Beeren kann man Marmelade machen.		
Rettich wächst am Baum.		
Obst enthält viele Vitamine.		
Man sollte jeden Tag Obst essen.		
Zu viel Gemüse essen ist gefährlich.		
Paprika enthält viel Vitamin C.		
Sauerkraut wird aus Weißkohl gemacht.		
Ananas und Mango sind Südfrüchte.		

Obst und Gemüse haltbar machen

Damit du nicht nur zur Erntezeit Obst und Gemüse essen kannst, musst du das Obst und das Gemüse haltbar machen. Dies kann man auf folgende Arten machen:

- Trocknen
- Einfrieren
- Einkochen
- Einlegen

Arbeitsaufträge:

1. Versuche, über eine Methode des Haltbarmachens möglichst viel zu erfahren. Suche in Sach- und Kochbüchern.
2. Für welche Früchte eignet sich deine Methode? Warum?
3. Vergleiche deine Ergebnisse mit den Ergebnissen der anderen Kinder aus deiner Klasse.
4. Stellt für jede Methode ein Plakat zusammen.

Vielleicht könnt ihr die verschiedenen Methoden ja in der Klasse oder zu Hause ausprobieren.

Wortkarten für die Arbeit am Grundwortschatz (zu KV 12, S. 24)

Apfel	Blatt	Frucht	Obst
Äpfel	Blätter	Garten	pflanzen
Baum	essen	Gemüse	Stängel
Bäume	isst	gesund	Strauch
Birne	frisch	gesunde	Sträucher
Wurzel	Zwiebel	kaufen	schneiden
waschen	wäscht	Trauben	Orange
Zitrone	Karotte	Salat	Broccoli
Sellerie	Tomate	Gurke	Spinat
Blumenkohl	Kiwi	Ananas	Melone
Zucchini	Paprika	Mango	Banane
Walnuss	Erdnuss	Haselnuss	Mandel

Wörter aus dem Grundwortschatz trainieren

So kannst du mit den Wörtern üben:

1. Schneide die Wortkarten aus und ordne sie nach dem ABC.
2. Erfinde zu einigen Wörtern einen Satz.
3. Sortiere die Wörter nach Wortarten (Namenwort, Tunwort, Wiewort).
4. Schreibe zu einigen Wörtern Wörter aus der gleichen Wortfamilie auf.
5. Lass dir die Wörter von einem Partner diktieren.
6. Übe die Wörter mit einem Laufdiktat.
7. Schreibe die Wörter mit dem Finger auf den Rücken deines Partners und lass ihn raten.
8. Schreibe die Wörter mit unterschiedlichen Schriften, Farben, ...
9. Trenne die Wörter und hüpfe die Silben.

Nur für Namenwörter:

1. Schreibe Einzahl und Mehrzahl mit Begleiter auf.
2. Bilde mit dem Wort ein zusammengesetztes Namenwort.
3. Finde zu dem Wort ein verwandtes Tunwort.

Jede Frucht hat einen Namen

Für jede Frucht, die wir essen, gibt es einen Namen.
Diese Namen werden großgeschrieben. Es sind

Namenwörter

Schreibe zu jeder Frucht den Namen!

Merke: Menschen, Tiere, Pflanzen und Dinge kann ich sehen und anfassen. Ihre Namen werden großgeschrieben!

Viele Früchte zählen

Schreibe die Namen der Gemüsesorten auf. Denke an die Großschreibung!

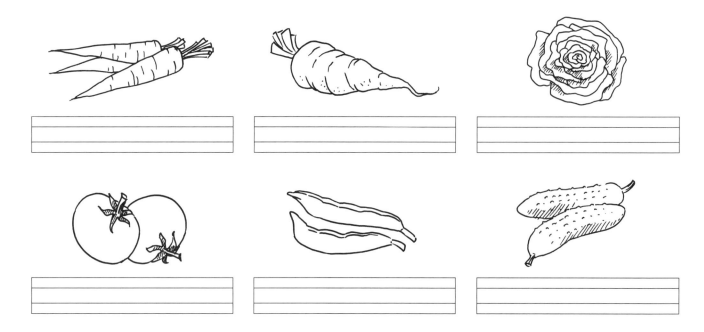

Zähle genau und schreibe dann die Anzahl auf!

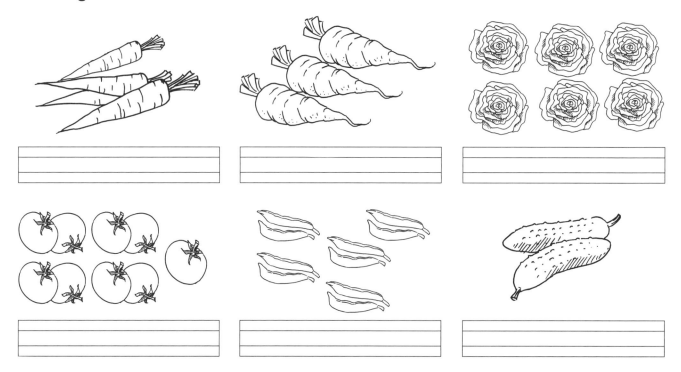

Merke: Namenwörter gibt es fast immer in der Einzahl und in der Mehrzahl.

Obst und Gemüse sortieren

Sortiere die Obst- und Gemüsesorten in die Kisten ein!

Ananas, Banane, Radieschen, Rettich, Salat, Traube, Kohlrabi, Gurke, Grünkohl, Weißkraut

Merke: Jedes Namenwort hat einen Begleiter.
Die Begleiter heißen der, die oder das.

Apfelringe

Das brauchst du dazu:

mehrere Äpfel, ein Messer,
einen Entkerner,
Zitronensaft, lange Schnüre

So geht's:

1. Zuerst musst du die Äpfel schälen. Vorsicht, das Messer ist scharf! Pass gut auf, damit du dich nicht schneidest.
2. Als Nächstes wird das Kerngehäuse mit dem Entkerner entfernt.
3. Schneide dann den Apfel in Scheiben, die etwa einen halben Zentimeter dick sind.
4. Träufle Zitronensaft auf die Apfelscheiben, damit sie nicht braun werden!
5. Zum Schluss musst du die Apfelscheiben auf die Schnur auffädeln und diese quer durchs Zimmer spannen.

Es dauert ungefähr acht bis zehn Tage, bis die Äpfel ihr Wasser verloren haben und getrocknet sind. Dann erst kannst du die Apfelringe naschen!

Wenn du Lust hast, kannst du die fertigen Apfelringe noch in flüssige Schokolade tauchen. Aber Achtung! Mit Schokolade sind sie nicht mehr zur gesunden Ernährung geeignet!

Kohlrabisalat

Zutaten:

- 1–2 Kohlrabi (500 g)
- 1 Becher Vollmilchjoghurt
- 1 Esslöffel Essig
- 1 Esslöffel kalt gepresstes Öl
- etwas Meersalz
- Zitronenmelisse (oder Petersilie)
- 2 Hände voll grüne Blätter von Spinat, Löwenzahn, Salat …
- ein paar Mandeln oder Haselnüsse

So geht's:

1. Joghurt, Essig, Öl und Salz zu einer Soße verrühren.

2. Zarte Blättchen abzupfen, Kohlrabi schälen.

3. Blätter und Kräuter waschen und abtropfen lassen.

4. Die Kräuter hacken und in die Salatsoße geben.

5. Kohlrabi raffeln und sofort mit der Soße vermischen.

6. Den Salat hübsch auf den Blättern anrichten. Nüsse hacken und darüber streuen.

Gemüserätsel

Errätst du, welches Gemüse gemeint ist? Falls nicht, hilft dir der Kasten unten!

1. Ich wachse an einem Strauch. Du kannst mich am besten im Gewächshaus anbauen. Aus mir kannst du leckere Nudelsoßen machen.

2. Ich bin grün, länglich und es gibt mich sehr klein, aber auch recht groß. Wenn ich sehr klein bin, steckt man mich in Gläser. Groß gibt es mich meist als Salat.

3. Ich bin ein enger Verwandter des Blumenkohls. Meine Farbe ist aber grün und ich habe einen italienisch klingenden Namen.

4. Aus mir kannst du viele verschiedene Sachen machen. Mein hellgrüner Kopf eignet sich für Salat oder als Gemüsebeilage. Am haltbarsten bin ich sauer eingekocht.

5. Meine Familie ist sehr groß. Es gibt mich länglich und grün, aber auch klein, dick, weiß oder braun.

Obsträtsel

Die Gemüserätsel hast du ganz prima gelöst!
Nun sollst du dir selbst Obsträtsel ausdenken!

Diese Merkmale kannst du beschreiben:

- Wie sieht das Obst aus?
- Hat es einen besonderen Geschmack?
- Wie fühlt es sich an?
- Was kann man daraus machen?
- Wo kommt es her?
- Gibt es Obst, welches ähnlich aussieht oder schmeckt?

Schreibe deine Rätsel auf die Vorderseite einer Karteikarte. Die Lösung schreibst du auf die Rückseite. So könnt ihr in der Klasse eine Rätselkartei anlegen und immer wieder raten und trainieren.

Obstdomino (Klasse 1; Anlaute unterschiedlich)

Anfang	Apfel		Birne
	Dattel		Erdbeere
	Feige		Granatapfel
	Himbeere		Johannisbeere
	Kiwi		Melone
	Orange		Pflaume
	Stachelbeere		Papaya
	Zitrone		Litschi
	Walnuss		Trauben
	Ananas		**Ende**

Gemüsedomino (Klasse 1; Anlaute unterschiedlich)

Anfang	Artischocke		Blumenkohl
	Chicorée		Erbse
	Fenchel		Grünkohl
	Kohlrabi		Möhren
	Paprika		Radieschen
	Sellerie		Spargel
	Stangen-sellerie		Tomaten
	Weißkohl		Zwiebel
	Ende		

Gemüsememory

Ich bin ein weißes Kohl-gemüse.	Blumenkohl	Ich bin ein enger Verwandter des Blumenkohls und bin grün.	Broccoli
Ich bin ein Kohlgemüse, das im Dunkeln wachsen muss.	Chicorée	Ich bin klein, rund, grün und wachse in Schoten.	Erbsen
Ich bin lang und grün. Mich gibt es sauer oder als Salat.	Gurke	An Halloween bin ich sehr beliebt.	Kürbis
Ich bin eine dicke orangefarbene Wurzel.	Möhre	Ich bin mal süß und mal scharf. Meine Farben: rot, gelb, grün.	Paprika
Ich bin ein weiß-grünes Zwiebel-gewächs.	Lauch/Porree	Wenn man mich schneidet, muss man weinen.	Zwiebel
Ich bin rot. Aus mir macht man Nudelsoße.	Tomate	Ich bin lang, dünn und weiß. Ich wachse unter der Erde.	Spargel

Fortsetzung Gemüsememory

Du isst meine grünen Blätter. Viele Kinder mögen mich nicht.	Spinat	Ich bin das kleinste Kohlgemüse.	Rosenkohl
Ich bin eine kleine, manchmal scharfe rote Wurzel.	Radieschen	Ich bin der große weiße Bruder des Radieschens.	Rettich
Du isst meinen rot-grünen Stängel auf dem Kuchen oder als Kompott.	Rhabarber	Aus mir wird das Blaukraut hergestellt.	Rotkohl
Ich sehe fast wie eine Gurke aus und habe einen italienischen Namen.	Zucchini	Ich wachse unter der Erde. Meine dunkle Hülle gibt mir meinen Namen.	Schwarz-wurzel
Meine Frucht ist ein goldgelber Kolben.	Mais	Ich bin durch und durch dunkelrot und werde meist sauer eingelegt.	Rote Bete

Gesundes Pausenbrot

Die Klasse 1/2 macht gesunde Pausenbrote. Die Klassen 1a und 1b haben ihre Bestellung schon abgegeben. Nun müssen die Kinder der Klasse 1/2 ausrechnen, wie viele Zutaten sie brauchen. Hilf ihnen dabei.

①

Bestellung Klassen 1a und 1b

Tomatenbrote	Gurkenbrote	Eibrote
ohne Käse ⦀⦀ |||	ohne Karotten ⦀⦀ ||	ohne Karotten ⦀⦀	
mit Käse ⦀⦀	mit Karotten ⦀⦀ ⦀⦀	mit Karotten ||||

② **Bestellung Klasse 2a**

Tomatenbrote	Gurkenbrote	Eibrote
ohne Käse ⦀⦀ ⦀⦀ ||	ohne Karotten	ohne Karotten ⦀⦀	
mit Käse ⦀⦀ ||||	mit Karotten ⦀⦀ |||	mit Karotten ⦀⦀ ⦀⦀

ENERGIEDRINK aus Obst

Energiesaft

Für 4 Personen brauchst du:
8 Apfelsinen
1 Zitrone
2 Bananen
2 Kiwis
2 Esslöffel Honig
eine Hand voll Beeren

Zubereitung:
1. Apfelsinen und Zitrone auspressen
2. Bananen und Kiwis klein schneiden und zusammen mit den Beeren pürieren
3. Saft, Fruchtmus und Honig gut vermischen

Guten Appetit!

Aufgaben:

1. Wie viel Obst brauchst du für 20 Kinder?

2. Das Obst für 5 Personen kostet 4 Euro. Wie viel musst du für 20 Personen bezahlen?

3. In der Klasse 1c sind 24 Kinder. Jeder soll ein Glas Saft bekommen. Schreibe eine Einkaufsliste.

Rezept für Obstsalat

Zutaten für 5 Personen:

3 süße Äpfel
2 Birnen
2 Bananen
2 Kiwis
1 Ananas
Trauben
Beeren
Orangen- und Zitronensaft

Zubereitung:

1. Das Obst waschen, schälen und entkernen.
2. Nun das ganze Obst in mundgerechte Stücke schneiden.
3. Alles mit Zitronensaft beträufeln.
4. Als Salatsoße einige Esslöffel Orangensaft zugeben. Vorsichtig umrühren.

Guten Appetit!

Finde selbst Aufgaben und rechne!

Mein Lieblingsobst

Welches Obst mögen Jonathan, Marcel und Samira?
Hinweis: Jedes Kind hat ein anderes Lieblingsobst!

	Äpfel	Birnen	Ananas	Kiwi	Pfirsiche	Trauben
Marcel						
Jonathan						
Samira						
Fritz						
Basti						
Lara						

Antwort:

Obst und Gemüse mit dem Zahlen-ABC

A	B	C	D	E	F	G	H	I	J	K	L	M
1	2	3	4	5	6	7	8	9	10	11	12	13

N	O	P	Q	R	S	T	U	V	W	X	Y	Z
14	15	16	17	18	19	20	21	22	23	24	25	26

1. Wie heißen die Gemüsesorten?

11	1	18	15	20	20	5	14

12	1	21	3	8

6	5	14	3	8	5	12

2. Obstsorten ausrechnen?

10+1	4+5	20+3	3+6

18-16	33-32	25-11	99-98	9+5	80-75

8-7	13+1	3-2	15-1	5-4	18+1

38-36	15-6	9+9	26-12	25-20

3. Rätsel selbst erfinden

Denke dir selbst Obst- und Gemüserätsel aus! Schreibe die Aufgabe auf die Vorderseite einer Karteikarte und die Lösung auf die Rückseite. Lass deine Klassenkameraden damit rechnen und knobeln.

Wir helfen dem Obst- und Gemüsehändler (1)

Hier siehst du den Marktstand von Herrn Grünlich:

Wie viel Obst und Gemüse kann Herr Grünlich verkaufen?
Zähle und trage in die Liste ein!

Wir helfen dem Obst- und Gemüsehändler (2)

Herr Grünlich hat eine frische Lieferung Zitrusfrüchte bekommen. Er muss sie zählen und verpacken. Immer zehn Stück sollen in eine Kiste!

Kreise immer 10 ein und trage dann unten in die Liste ein!

	10er-Kisten	Einzelne
Zitronen		
Limonen		
Apfelsinen		
Mandarinen		

Eine Kiste Apfelsinen verkauft Herr Grünlich für 5 Euro. Die anderen Kisten verkauft er für 4 Euro je Stück. Für das Obst hat er selbst 50 Euro bezahlt.

Wir helfen dem Obst- und Gemüsehändler (3)

Ein Bauer liefert sein Obst und Gemüse an. Herr Grünlich teilt mit seinem Kollegen, Herrn Schmitt. Jeder soll gleich viel bekommen. Zähle und verteile!

	zusammen	Herr Grünlich	Herr Schmitt
Äpfel			
Birnen			
Himbeeren			
Zwetschgen			
Kürbisse			
Gurken			

Wir helfen dem Obst- und Gemüsehändler (4)

Abends gibt Herr Grünlich seine Bestellung an Südfrüchten auf. Sein Kollege, Herr Schmitt, möchte das Gleiche wie Herr Grünlich bestellen.

Mache die Bestellung fertig und rechne gleich den Preis aus!

	Herr Grünlich	Herr Schmitt	zusammen
Ananas	7		
Mango	12		
Kiwi	20		
Pfirsich	25		
Nektarine	50		
Banane	50		

Wie viel muss jeder der beiden bezahlen?

Anzahl	Preis
1 Ananas	1 €
1 Mango	1 €
10 Kiwis	2 €
50 Pfirsiche	20 €
50 Nektarinen	20 €
10 Bananen	3 €

Der Herbst von Giuseppe Arcimboldo

Welche Obst- und Gemüsesorten kannst du erkennen?
Schreibe auf!

Welche Sorten hätte Arcimboldo noch verwenden können?

Versuche nun selbst ein Gemüsemännchen zu malen oder zu zeichnen. Du darfst auch eine vollständige Person gestalten!

Obst und Gemüse aus Pappmaché (1)

Zuerst musst du Pappmaché herstellen.

Du brauchst folgende Zutaten:

- alte Zeitungen oder Eierkartons
- Tapetenkleister
- einen Becher
- einen Löffel
- mehrere Schüsseln
- einen Kochlöffel oder Schneebesen zum Umrühren
- Wasser

So gehst du vor:

1. Reiße die Zeitungen und Eierkartons in kleine Schnipsel und gib sie in eine oder mehrere Schüsseln.

2. Gieße heißes Wasser über die Schnipsel. Sie müssen ganz von Wasser bedeckt sein.

3. Warte drei Tage. Die Schnipsel müssen quellen.

4. Rühre dann in einer anderen Schüssel den Kleister so an, wie es auf der Packung steht. Er muss sehr dickflüssig sein!

5. Rühre jetzt den Kleister langsam unter die Papierschnipsel, bis eine feste Masse entsteht. Sie muss gut knetbar sein!

Obst und Gemüse aus Pappmaché (2)

Nun kannst du loslegen und Obst und Gemüse formen.

So geht es:

1. Knülle zuerst Zeitungspapier fest zusammen, bis es etwa die Größe deiner Frucht hat.

2. Umhülle nun dein zerknülltes Zeitungspapier mit einer dicken Schicht Pappmaché. Nicht mit Pappmaché sparen!

3. Nun kannst du die Feinheiten modellieren. Überlege dir genau, was deine Frucht alles braucht! Am besten siehst du dir noch mal ein Original an!

4. Nun muss deine Frucht einige Tage trocknen.

5. Wenn alles getrocknet ist, kannst du deine Früchte mit Wasserfarben bemalen.

> Vergleicht eure Früchte untereinander!
>
> Wer hat das Original am besten kopiert?
>
> Macht eine Obst und Gemüseausstellung.
>
> Mit den Früchten kann man auch prima Kaufladen spielen.

Der Kartoffel-Boogie

Melodie: L. Wittmann
Text: W. Holle/M. Küpper

Sportliches Erntedankfest

Im Herbst ist viel los im Garten.
Probiert die folgenden Spiele einfach einmal aus!
Viel Spaß!

Möhrenziehen

Alle Kinder legen sich in einem Innenstirnkreis auf den Bauch und halten sich an den Händen. Ein Kind ist der Gärtner. Er versucht, eine „Möhre" an beiden Beinen aus dem Kreis zu ziehen. Hat er es geschafft, wird auch diese Möhre zum Gärtner und hilft bei der Ernte mit.

Kürbis-Kegeln

Zehn Kegel werden aufgestellt. Aus einer größeren Entfernung wird versucht, die Kegel mit einem „Medizinball-Kürbis" umzuwerfen. Hier können mehrere Mannschaften um die Wette kegeln.

Kartoffelernte

In die Mitte der Turnhalle wird ein umgedrehtes Kastenoberteil mit Bällen aller Art gefüllt. Die vier Mannschaften stehen in den vier Hallenecken und laufen einer nach dem anderen zur Hallenmitte und holen eine Kartoffel. Wer am Schluss die meisten Kartoffeln geerntet hat, gewinnt.

Kürbiskarussel

Die Klasse wird in zwei Gruppen geteilt. Die Kinder stehen dicht hintereinander. Ziel ist es, einen „Medizinball-Kürbis" zunächst durch die Beine nach hinten und dann über die Köpfe wieder nach vorn zu transportieren. Wer zehn Durchläufe am schnellsten und ohne den Kürbis fallen zu lassen schafft, hat gewonnen.

Äpfel transportieren

Auf eine kleine Turnmatte werden vier Äpfel (Gymnastikbälle) gelegt. Ziel ist es, diese Äpfel einmal möglichst schnell um die Halle zu transportieren. Vier Kinder arbeiten beim Transport zusammen. Fällt ein Apfel herunter, muss abgelegt und eingesammelt werden.

Birnendieb

Alle Kinder stehen in einer Reihe und haben die Hände hinter dem Rücken. Der Lehrer geht hinter den Kindern entlang und legt einem eine Birne (Tennisball) in die Hand. Schafft es das Kind, die gegenüber liegende Hallenseite zu erreichen, ohne von den anderen gefangen zu werden, hat es gewonnen.

Wissenswertes über Hunde

Der Hund stammt vom Wolf ab.

Er ist ein Raubtier.

Hunde züchtet man schon sehr lange.

Es gibt viele unterschiedliche Rassen.

Sie unterscheiden sich in ihren Eigenschaften und ihrem Aussehen.

Welche Hunderassen kennst du? Informiere dich!

Der Körperbau eines Hundes

Sieh dir das Bild des Hundes genau an und beschrifte es mit den Kärtchen unten!

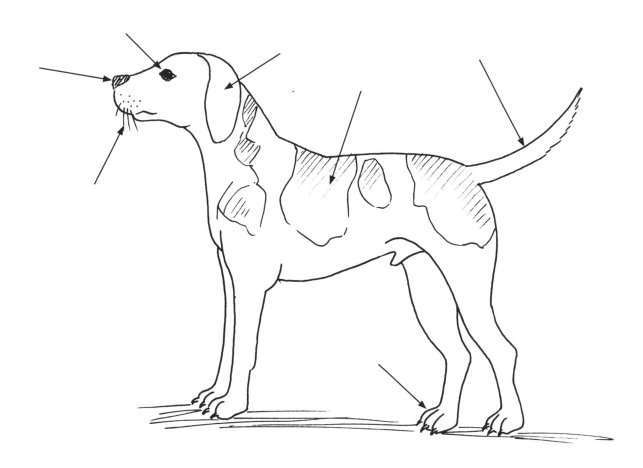

Rute	Fell	Auge	Nase
Pfote	Ohr	Barthaar	

Die Hundesprache

Wölfe und wilde Hunde leben in Rudeln. Weil sie nicht sprechen können, machen sie sich durch Bellen und besonders durch ihre Körperhaltung verständlich.
Mithilfe der Bilder unten kannst du wichtige Teile der Hundesprache lernen.

Verbinde die Bilder mit der richtigen Erklärung.

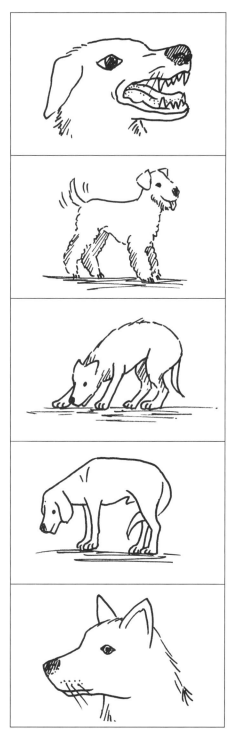

Der Hund duckt sich.
Er unterwirft sich.

Der Hund zeigt die Zähne.
Er ist angriffslustig.

Der Hund wedelt mit dem Schwanz.
Er freut sich.

Der Hund stellt die Ohren auf.
Er ist aufmerksam.

Der Hund zieht den Schwanz ein.
Er hat Angst.

Die Katze

Lies dir die Karten unten genau durch und beschrifte das Bild der Katze!

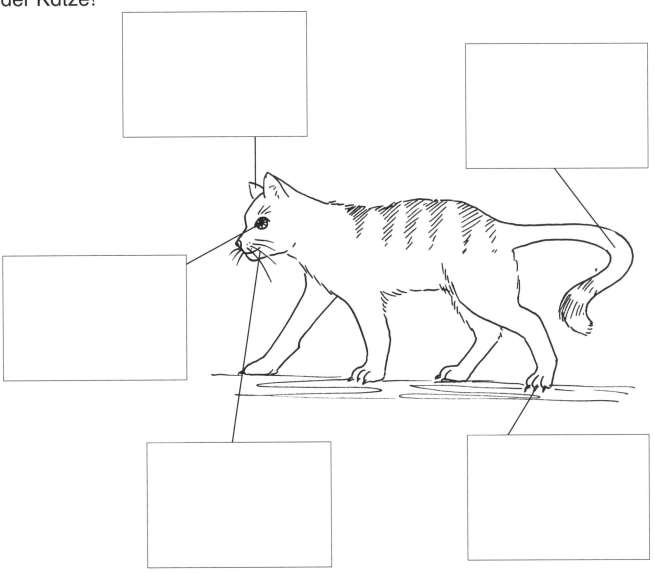

Die Katze hat Füße mit weichen Ballen. Wenn sie ihre Krallen einzieht, kann sie sich lautlos anschleichen.	Mit ihren Augen kann die Katze auch in der Nacht sehr gut sehen.	Im Gesicht hat die Katze Tasthaare. So findet sie sich auch im Dunkeln zurecht.
Die Katze hat einen langen Schwanz. Er hilft ihr, das Gleichgewicht zu halten.	Die Ohren der Katze sind sehr beweglich. Sie kann sie in jede Richtung drehen.	

Die Sprache der Katze

Auch die Katze teilt dir durch ihre Körperhaltung mit, wie sie sich gerade fühlt.

Verbinde!

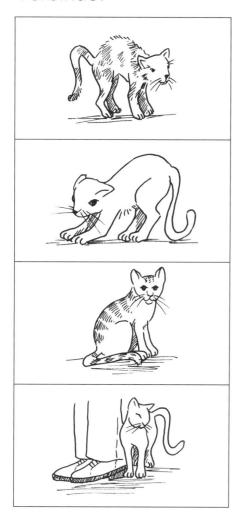

| Die Katze duckt sich und legt die Ohren an. Sie hat Angst. |
| Die Katze macht einen Buckel und faucht. Sie ist angriffslustig. |
| Die Katze reibt sich an deinem Bein. Sie mag dich. |
| Die Katze beobachtet ihre Umgebung. Sie fühlt sich wohl. |

Das Gebiss der Katze

Die Katze ist ein Raubtier. Mit ihren vier Eckzähnen fängt und tötet sie ihre Beute. Mit den Schneidezähnen reißt sie Fleischstücke ab. Mit den Backenzähnen zerkleinert die Katze das Fleisch.

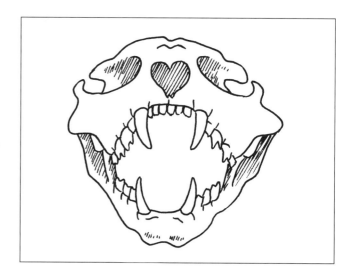

Das Meerschweinchen

Die Heimat der Meerschweinchen ist Mittel- und Südamerika. Meerschweinchen leben in großen Familien zusammen. Deshalb sollten sie auch bei uns niemals allein gehalten werden. Meerschweinchen können sehr unterschiedlich aussehen:

kurze, struppige Haare   kurze, glatte Haare   lange, gewellte Haare

Das Meerschweinchen hat kleine, runde Augen. Sie sind schwarz. An der Schnauze sitzen links und rechts Tasthaare. Die Ohren sind recht groß und behaart.

Ein Meerschweinchen wird 20 bis 30 Zentimeter lang. Es hat vier Krallen an den Vorderpfoten. An den Hinterpfoten sind es nur drei Krallen.

Meerschweinchen haben keinen Schwanz.

Sorge richtig für deine Meerschweinchen!

Deinen Meerschweinchen soll es richtig gut gehen. Dazu musst du ein paar Dinge beachten. Lege den Boden des Käfigs mit Zeitungspapier aus und streue Sägespäne oder Kleintierstreu darauf. Deine Meerschweinchen brauchen ein Schlafhäuschen. Trockenfutter schüttest du in einen festen Napf, der nicht umkippen kann. Für Grünfutter verwendest du am besten einen eigenen Napf oder noch besser eine Raufe. Frisches Wasser bekommen deine Meerschweinchen aus einem Wasserspender. Da kann das Wasser nicht schmutzig werden.

Schließlich brauchen deine Meerschweinchen immer etwas Hartes zum Knabbern, sie sind ja Nagetiere! Getrocknetes Brot mögen sie besonders gern.

Zeichne einen Meerschweinchenkäfig in den Kasten!

So wirst du zum Haustierexperten!

Du hast schon eine Menge über Hunde und Katzen gelernt. Aber es gibt noch viel mehr zu entdecken.
Die folgenden Tipps helfen dir weiter:

- Lies in Sachbüchern nach und schreibe auf, was du erfahren hast.
- Gehe in eine Zoohandlung und informiere dich über Futter, Pflege, Spielzeuge und anderes Tierzubehör.
- Frage bei einem Tierarzt nach. Er kann dir interessante Informationen über Hunde und Katzen geben.
- Auch im Internet kannst du viel über Hunde und Katzen herausfinden.

Natürlich kannst du auch Informationen über andere Haustiere sammeln!
Du solltest deine Entdeckungen auf jeden Fall auf einem Plakat oder in einem Heft festhalten, damit du nichts vergisst und deine Klassenkameraden es ansehen können!

Der Tiersteckbrief hilft dir beim Aufschreiben!

Tiersteckbrief

Dieses Tier habe ich kennengelernt:

So heißt es:

Es gehört zu dieser Rasse:

Das habe ich über das Tier erfahren:

Das hat mit besonders gut an dem Tier gefallen:

Wissenswertes über Hunde

Es gibt viele verschiedene Hunderassen. Sie sehen sehr unterschiedlich aus. Wenn man bei einem Hund die Rasse nicht erkennen kann, wird er _____ genannt.
Alle Hunde stammen vom Wolf ab.
Ein Wolf lebt im _____ mit vielen anderen Wölfen zusammen.
Deshalb ist auch ein Hund gern mit Menschen oder anderen Hunden zusammen. Sein Besitzer ist für den Hund der Rudelführer und seine Familie ist sein Rudel.
Hunde haben ein sehr kräftiges _____ .
Damit können sie Fleisch zerreißen und sogar kleinere Knochen zermahlen. Sie sind _____ .
Das beste Sinnesorgan des Hundes ist die _____ .
Er kann mit ihr Spuren verfolgen, die schon einige Tage alt sind, und Gerüche erkennen, die der Mensch überhaupt nicht wahrnimmt. Sein Revier grenzt der Hund deshalb mit _____ ab.
Hunde können aber auch sehr gut _____ .
Selbst wenn sie schlafen, nehmen sie verdächtige _____ sofort wahr.

> Rudel, hören, Gebiss, Geräusche,
> Mischling, Duftmarken, Fleischfresser, Nase

Kater Leo

Benjamin hat einen grau getigerten Kater.
Er heißt Leo und ist sehr neugierig.
Am liebsten ist er den ganzen Tag im Freien
und unternimmt Expeditionen in den nahe
gelegenen Wald.
Heute lässt Benjamin seinen Leo schon am
Morgen nach draußen. Sofort läuft Leo in den Wald.
Dort hört er die Vögel aufgeregt zwitschern.
Leo rennt den Vogelstimmen hinterher und gelangt an einen kleinen
Teich. Was gibt es denn da am Ufer zu entdecken? Neugierig geht
Leo auf das kleine Etwas zu. Es ist ein kleines Holzboot. Leo springt
schnell hinein. Plötzlich erfasst ein Windstoß das kleine Boot und
treibt es auf den Teich hinaus. Ängstlich sieht Leo das Ufer immer
kleiner werden. Aus der Ferne hört er die Stimme von Benjamin. „Leo!
Leo, wo steckst du?" Leo miaut ganz laut und da entdeckt Benjamin
ihn. Benjamin läuft schnell auf die andere Seite des Teiches und wartet, bis der Wind das Boot wieder ans Ufer getrieben hat. Voller Freude springt Leo aus dem Boot direkt in Benjamins Arme. Er kuschelt
sich ganz fest an seinen Freund und die beiden gehen schnell nach
Hause.
Am nächsten Morgen lässt Benjamin seinen Kater wieder nach draußen. Welches Abenteuer erlebt er wohl diesmal?

Schreibe Leos neues Abenteuer auf oder male dazu!

Im Kaninchenstall

Lies den Text und male das Bild aus!

Das Kaninchen neben der Röhre ist braun. Das Häuschen ohne Dach ist grün. Ein schwarzweiß geflecktes Kaninchen schaut aus der Tür heraus. Die Futterschale darfst du in
deiner Lieblingsfarbe ausmalen. Der aufgeschnittene Apfel ist rot und gelb. Die Blätter in der Futterkiste sind hellgrün. Das Häuschen mit dem spitzen Dach ist blau. Die Farben für die Gurke und die Mohrrübe weißt du selbst! Das Kaninchen an der Futterkiste ist grau. Die beiden anderen Kaninchen darfst du so ausmalen, wie du möchtest.

Otto Mops

ottos mops trotzt
otto: fort mops fort
ottos mops hopst fort
otto: so so

otto holt koks
otto holt obst
otto horcht
otto: mops mops
otto hofft

ottos mops klopft

otto: komm mops komm
ottos mops kommt
ottos mops kotzt
otto: ogottogott

(Ernst Jandl)

Aufgaben:

1. Erzähle, was in dem Gedicht passiert.
2. Welche Wörter müssten eigentlich großgeschrieben werden?
3. Schreibe alle Wörter mit O oder o auf. Sortiere die Wörter nach Wortarten.
4. Male Otto mit seinem Mops.
5. Sammle Wörter mit A/a oder I/i und dichte!

Hundememory (Bildkarten)

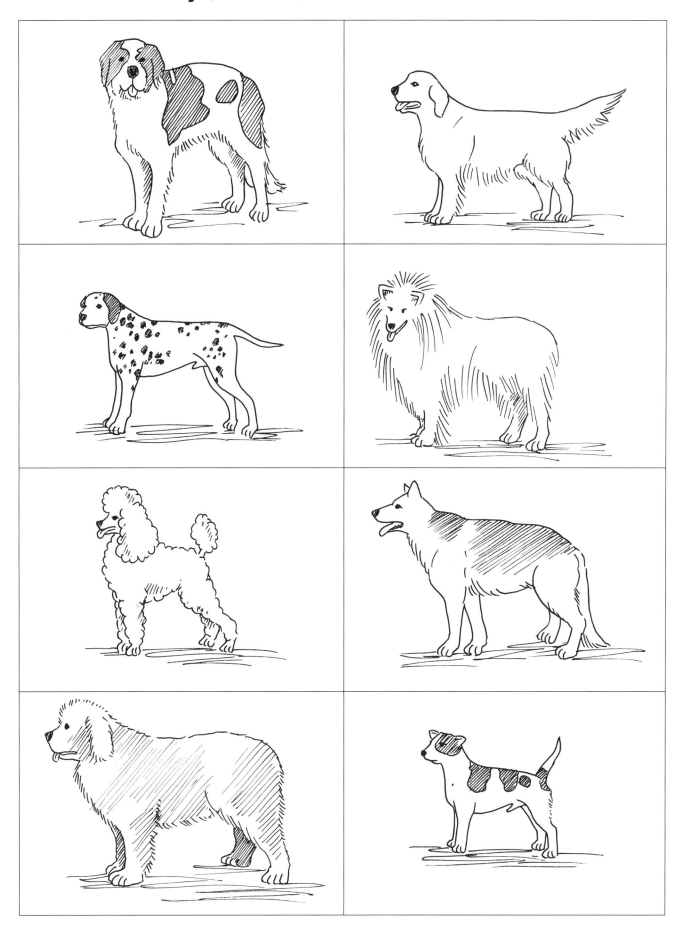

Hundememory (Namenskarten)

Bern-hardiner	**Collie**
Dalma-tiner	**Neufund-länder**
Pudel	**Retriever**
Schäfer-hund	**Terrier**

Hundememory (Textkarten)

Der Retriever hat ein kurzes, dichtes Fell. Es ist einfarbig gelb, braun oder schwarz. Der Retriever ist ein guter Familienhund. Man muss viel mit ihm unternehmen, sonst langweilt er sich. Er kann gut schwimmen und spielt gern im Wasser. Der Retriever wird etwa 12 Jahre alt.	Der Collie ist ein großer Hund mit einem wunderschönen Fell. Man muss es jeden Tag bürsten, sonst verfilzt es. Meistens ist das Fell hellbraun mit weiß oder es ist schwarz mit weiß und etwas hellbraun. Collies sind sehr gelehrig und wurden früher zum Schafehüten gezüchtet.
Der Neufundländer ist einer der größten und schwersten Hunde überhaupt. Sein Fell muss gut gepflegt werden. Der Neufundländer schwimmt sehr gern. Er kann sogar Menschen aus dem Wasser retten. Neufundländer sind sehr freundliche Tiere. Sie kann nichts aus der Ruhe bringen.	Terrier sind Hunde, die gern spielen und toben. Sie sind aber auch gute Wachhunde, denn sie sind immer aufmerksam. Man kann ihnen eine Menge beibringen und sollte sich viel mit ihnen beschäftigen, damit sie sich nicht langweilen. Manchmal sind sie recht dickköpfig.
Bernhardiner sind sehr groß und kräftig. Deshalb werden sie oft als Rettungs- und Lawinenhunde eingesetzt. Das Fell des Bernhardiners ist weiß mit rotbraunen Flecken und muss wöchentlich gebürstet werden. Ein Bernhardiner ist ein anhänglicher Familienhund, der viel Auslauf braucht.	Dalmatiner wurden früher als Jagdhunde gezüchtet. Deshalb wollen sie auch heute noch viel laufen und sich bewegen. Man kann Dalmatiner leicht erziehen und sie verstehen sich gut mit anderen Hunden. Sie sind sehr geduldig und freundlich zu Kindern.
Pudel können groß oder klein sein. Ihr Fell ist immer seidig und es braucht sehr viel Pflege. Ein Pudel muss jeden Tag gründlich gekämmt und gebürstet werden. Pudel lernen sehr schnell und können gut erzogen werden. Man sagt, dass Pudel sehr treu sind.	Schäferhunde sind bei uns sehr beliebt. Ihr Fell kann viele verschiedene Farben haben. Schäferhunde sind kräftig, ausdauernd und treu und haben einen sehr guten Geruchssinn. Sie sind sehr gute Wachhunde. Schäferhunde werden auch bei der Polizei eingesetzt.

Katzendomino

Hier sollte der Katzenkorb stehen.	Das bekommt eine Katze zu trinken.	Das macht eine Katze, wenn es ihr gut geht.	Das bekommt eine Katze zu fressen:
Tasthaare	jeden Tag	„Verschwinde" oder „Pass bloß auf"	nein
Damit findet sich eine Katze zurecht, wenn es ganz dunkel ist.	So oft soll eine Katzentoilette sauber gemacht werden.	Wenn eine Katze faucht und einen Buckel macht, meint sie:	Darf man eine Katze streicheln, wenn sie gerade frisst?
Anfang	ein warmer, ruhiger Platz	frisches Wasser	schnurren

Katzendomino (Fortsetzung)

Was passiert mit einer Katze, die Reste vom Mittagstisch bekommt?	Zum Wetzen ihrer Krallen hat die Katze gern einen …	Wo nimmt man eine Katze am besten, wenn man sie tragen will?	**Ende**
Wollknäuel, kleiner Ball	Ich mag dich.	Sie kann ihre Pupille sehr groß machen, damit viel Licht ins Auge fällt.	Sie kann die Krallen einziehen.
Damit spielt eine Katze gern:	Das meint die Katze, wenn sie sich an deinem Bein reibt:	Warum sieht die Katze auch in der Nacht so gut?	Was kann eine Katze Besonderes mit ihren Krallen?
Trockenfutter und Dosenfutter für Katzen	Sie wird krank.	Kratzbaum	Am Nacken.

Wörter für Haustiere

Hier haben Kinder Wörter gesammelt, die zum Thema Haustiere passen.

Lies die Wörter im Kasten und kontrolliere. Fünf Wörter passen nicht dazu! Streiche sie durch.

Suche anschließend selbst weitere Wörter und schreibe sie auf.

wuschelig, kräftig, klein, dunkelblau, groß, vielfarbig, lang, hängend, kurzhaarig, mittelgroß, zottelig, glatt, dicht, Schnauze, Körper, Ohren, Fell, Pfote, Augen, Zähne, Napf, Dosenfutter, Trockenfutter, Pommes, Wassernapf, Spielzeug, Feuerwehrauto, Leine, spazieren gehen, bürsten, pflegen, ärgern, versorgen, impfen, baden, schmücken, Tierarzt, Stall

Wortkarten für die Arbeit mit dem Grundwortschatz (zu KV 56, S. 68)

fangen	fängt	fliegen	fliegt
Flügel	essen	isst	halten
hält	Hase	Hund	Hunde
Katze	laufen	läuft	leben
legen	legt	Maus	Mäuse
pflegen	pflegt	spielen	Tier
trinken	Vogel	wünschen	gehen
geht	Kaninchen	Meerschweinchen	fressen
frisst	Käfig	Stall	Ställe

Wörter aus dem Grundwortschatz trainieren

Übungen für Fortgeschrittene:

1. Schneide die Kärtchen aus.
2. Sortiere die Wörter nach Wortarten.
3. Sortiere die Wörter nach dem ABC.
4. Markiere in allen Wörtern die Aufpassstellen.
5. Schreibe Sätze, in denen viele der Übungswörter vorkommen.
6. Schreibe eine Geschichte mit mindestens 20 der Übungswörter.
7. Diktiere deinem Partner die Wörter. Kontrolliere.
8. Übe die Wörter mit einem Laufdiktat.

Übungen für Anfänger:

1. Schneide die Kärtchen aus.
2. Lies die Wörter.
3. Markiere in den Wörtern die Leuchtbuchstaben.
4. Klatsche die Wörter.
5. Male die Silbenbögen darunter.
6. Sortiere die Wörter nach gleichen Anfangsbuchstaben.
7. Male auf die Rückseite der Kärtchen ein passendes Bild.
8. Mache bei den Fortgeschrittenen weiter.

Schlangensätze

Achtung! Hier fehlen die Wortlücken und die Satzzeichen!

Gehe so vor:

1. Mache nach jedem Wort einen Strich.
2. Schreibe einen Punkt an das Satzende.
3. Schreibe die Sätze richtig auf.

DerVogelfliegt

KatzenfangengernMäuse

DerHundliegtimGartenundschläft

HundeundKatzenmögensichnicht

AlleTieremüssenzumImpfenzumTierarzt

DiedreiHundespielenimParkmiteinander

KaninchenfressengernHeuundTrockenfutter

DumusstdeinTiergutpflegenundmitihmspielen

MeerschweinchenbraucheneinensauberenKäfig

DasKaninchenläufthinterdemMeerschweinchenher

EinTierbrauchtvielPflegeunddumusstmitihmspielen

Hundeberufe

Hunde können verschiedene Berufe haben.

1. Setze die Wörter zu Hundeberufen zusammen.
2. Ordne die Berufe den richtigen Bildern zu.

Polizei	Schlitten	Blinde	Jagd
hüten	wachen	retten	

Hund	Hund	Hund	Hund
Hund	Hund	Hund	

3. Schreibe auf, was jeder Hund macht.
   Beispiel: Der Rettungshund findet verschüttete Menschen.

Katzenwörter

1. Setze Katzenwörter zusammen.
2. Schreibe die Wörter mit ihrem Begleiter auf.
3. Schreibe Sätze oder eine Geschichte mit einigen der Katzenwörter.
4. Wenn du noch mehr Katzenwörter findest, darfst du sie in den Bauch der Katze schreiben.

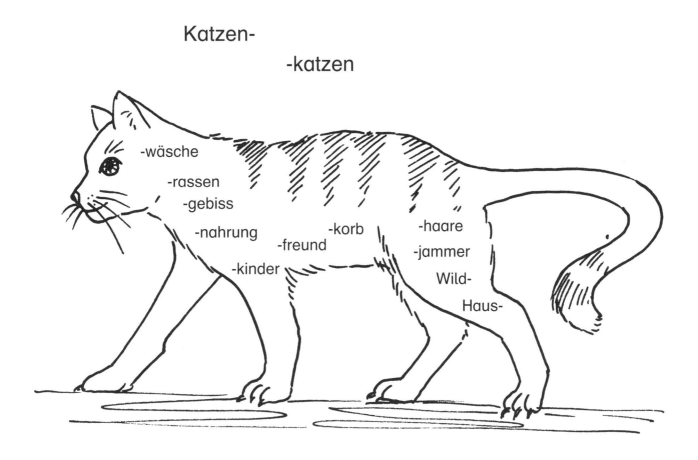

5. Versuche das Gleiche für Vogel- oder -vogel.
6. Schreibe die Wörter in einen gezeichneten Käfig.

Eine Katze versorgen

Wer eine Katze hat, muss sich gut um sie kümmern!

Betrachte die Bilder und schreibe die passenden Begriffe darunter. Der Kasten ganz unten hilft dir!

füttern, reinigen, bürsten, spielen, streicheln

Schreibe Sätze zu den Bildern in dein Heft.

Ein Haustier anschaffen

Wenn du dir ein Haustier anschaffen willst, solltest du dir das vorher gut überlegen.

Schreibe zusammen mit deinem Nachbarn auf, woran du denken musst. Die Gedanken auf dem Zettel helfen dir!

- ☐ Habe ich genug Zeit, jeden Tag mit dem Tier zu spielen?
- ☐ Kann ich mein Tier jeden Tag mit Futter und frischem Wasser versorgen?
- ☐ Kann ich mir Käfig, Futter und andere Dinge überhaupt leisten?
- ☐ Habe ich jemanden, der auf das Tier aufpasst, wenn ich mit meiner Familie verreise?
- ☐ Sind meine Eltern mit dem Tier einverstanden?
- ☐ Ist niemand in meiner Familie gegen Tierhaare allergisch?
- ☐ Bei Hunden: Will ich auch bei schlechtem Wetter mit dem Hund draußen spazieren gehen?
- ☐ Bei Katzen und Nagetieren: Will ich jeden Tag die Toilette oder den Käfig sauber machen?
- ☐ Will ich mich auch noch nach ein paar Jahren um das Tier kümmern?

Wenn du alle Fragen mit „ja" beantwortet hast, dann könnte ein Haustier das Richtige für dich sein!

Eine Tiergeschichte schreiben

Suche dir einen Geschichtenbaustein aus und schreibe die Geschichte zu Ende!

Aufbruch in der Nacht

Gleich in der nächsten Nacht brach Minka auf, um Nadja zu suchen.
Der Mond am Himmel begleitete Minka.
Sie lief durch fremde Gärten, sprang über Zäune und Hecken.
Hier war sie nie gewesen.
Wohnte Nadja vielleicht jetzt in diesem grauen Haus?
Oder in dem weißen Haus mit den beiden Türmchen?
Minka wusste es nicht.

„Ich nehme ihn heute mit in die Schule", antwortet Anne.
Sie krault Schnuffel hinter den Ohren.

Julia zeigt ihrer Freundin einen Vogel. „Du kannst doch keinen Hund mit in die Schule nehmen."

„Hurra!", ruft Anja. „Ich bekomme einen Hund!"
Seit einer Ewigkeit wünscht Anja sich einen Hund. Jeden Tag hat sie die Eltern angebettelt, ihr einen zu schenken. Endlich haben Vater und Mutter nachgegeben. Aber Anja musste fest versprechen, dass sie sich um ihn kümmert: spazieren gehen, füttern, streicheln, zum Tierarzt bringen und vieles mehr.
Es ist Sonntagmorgen. Anja zieht die Eltern zum Fahrradschuppen.
Sie hängt sich die neue Hundeleine um den Hals.

Haustiere an unserer Schule

Viele Kinder haben ein Haustier. Bestimmt interessiert euch, wie viele Kinder an eurer Schule ein Haustier haben.

Teilt euch in Gruppen auf, geht in die anderen Klassen eurer Schule und fragt nach!

Eure Ergebnisse könnt ihr hier in der Tabelle als Strichliste eintragen:

Haustiere an unserer Schule	
Hunde	
Katzen	
Nagetiere (Hasen, Meerschweinchen, Hamster, …)	
Vögel	
Wassertiere	

Wenn ihr Lust habt, könnt ihr bei den Hunden auch noch nach Rassen unterscheiden!

Umfrageergebnisse darstellen

Nimm dir jetzt Karopapier und male für jeden gezählten Hund ein Kästchen in einer Farbe an. Am besten sollten die Kästchen in Zehner- oder Zwanzigerstangen angeordnet sein.

Mache das Gleiche für die anderen Tierarten. Verwende jeweils eine andere Farbe.

Wenn du jetzt die Kästchen ausschneidest und mit Beschriftung auf ein Plakat klebst, kann man deine Ergebnisse auf einen Blick erkennen.

So könnte dein Ergebnisplakat aussehen:

Auf diese Weise kannst du auch andere Vergleiche darstellen und präsentieren, zum Beispiel Freizeitbeschäftigungen, Lieblingsessen, Urlaubsziele.

Tierische Rekorde

Hier findest du viele außergewöhnliche Tierrekorde.
Lies, vergleiche, rechne und staune!

Der kleinste Vogel ist der **Hummelkolibri**. Er ist gerade einmal 6 cm groß und wiegt nur 1,5 g.

- Eine 2-Euro-Münze wiegt ca. 9 g.
  Wie viele Kolibris wären das?
- Miss einmal die Größe eines Hummelkolibris mit dem Lineal ab!

Der größte Vogel ist der **Strauß**. Er wird bis zu 2,7 m groß und kann bis zu 160 kg wiegen. Er erreicht eine Geschwindigkeit von 75 Kilometern pro Stunde.

- Wie viele Kinder aus deiner Klasse brauchst du, um einen Strauß aufzuwiegen?
- Beobachte Autos im Verkehr. Sie fahren etwa 50 Kilometer pro Stunde schnell.

Den schnellsten Flügelschlag hat ein **Kolibri**. Er bewegt seine Flügel 50 Mal in der Sekunde auf und ab.

- Wie oft schlägt der Kolibri in der Minute mit den Flügeln?
- Wie oft kannst du in einer Minute die Arme auf und ab bewegen?

Die größte Flügelspannweite hat der **Wanderalbatros**. Er misst von einer Flügelspitze zur anderen 3,5 m.

- Wie groß ist deine „Spannweite"?
- Wie viele Kinder müssen nebeneinander stehen, damit sie auf 3,5 m kommen?

Im Tierheim ist was los!

Betrachte das Bild und schreibe passende Rechnungen dazu auf!

Ich und mein Lieblingstier

Betrachte das Bild des Mädchens mit der Taube.

Versuche folgende Fragen zu beantworten:

1. Wann wurde das Bild gemalt?
2. Woran kann man erkennen, dass das Mädchen das Tier gern hat?
3. Warum hat das Mädchen das Tier wohl gern?
4. Hast du selbst ein Lieblingstier?

Beschreibe deinem Nachbarn dein Lieblingstier ganz genau. Erzähle auch, warum du gerade dieses Tier so gern magst und was es so besonders macht.

Noch ein Lieblingstier!

Das Kind auf Picassos Bild hat noch ein Lieblingstier! Nur dir hat es verraten, was es ist! Zeichne das Tier nun mit auf das Bild!

Möglichkeiten für den Sportunterricht

❶ Die Tiere nach Ansage nachspielen.

❷ Die laminierten Tierkarten in die Mitte legen:
Die Kinder ziehen eine Karte und spielen das Tier nach.

❸ Die Kinder ziehen eine Karte und müssen sich in Gruppen gleicher Tiere zusammenfinden ohne dabei zu sprechen.

❹ Partnerübung: Der Mensch muss sich für sein „Tier" einen Fitnessparcours ausdenken.

Tierische Redensarten

Lies die Redensarten auf der linken Seite. Weißt du, was sie bedeuten? Verbinde!

Ich bin hundemüde.	Nicht wissen, was man bekommt.
Die Katze im Sack kaufen.	Sehr müde sein.
Den Letzten beißen die Hunde.	Er wird seine Drohung nicht wahr machen.
Hunde, die bellen, beißen nicht.	Der Langsamste scheidet aus.
Da liegt der Hund begraben.	Mir geht es gut.
Die Katze lässt das Mausen nicht.	Sie mögen sich nicht.
Sie sind wie Hund und Katz.	Er macht es immer wieder.
Ich fühle mich pudelwohl.	So ist das also.

Kannst du auch diese Redensarten erklären?

Ich bin pudelnass.

Ich fühle mich hundeelend.

Fallen dir noch andere Redensarten mit Tieren ein? Schreibe sie auf die Vorderseite einer Karteikarte, auf die Rückseite schreibst du die Erklärung.

Fasching in verschiedenen Ländern (1)

Deutschland

Bei uns ist der Fasching in Köln und Mainz besonders bekannt. Dort nennt man ihn Karneval. Die Leute verkleiden sich und sind lustig. Am Rosenmontag und am Faschingsdienstag gibt es große Umzüge auf den Straßen. Von den Wagen werden Süßigkeiten geworfen und die Kinder haben schulfrei.

Italien

In Süditalien werden im Fasching Orangenschlachten gemacht. Dabei werden manchmal sogar Menschen verletzt. Zum Karneval in Venedig reisen viele Urlauber an. Dort kann man besonders teure und ausgefallene Masken und elegante Verkleidungen sehen. Jedes Jahr finden dann auch viele prunkvolle Maskenbälle statt.
Durch die „Commedia dell' Arte", eine Theatergruppe, die im Karneval lustige Stücke spielt, entstanden vor etwa 400 Jahren viele typische Figuren des italienischen Karnevals, wie zum Beispiel der Harlekin.

Fasching in verschiedenen Ländern (2)

Schweiz

Dort heißt der Fasching Fasnacht. So werden zum Beispiel in Luzern mehrere Pakete mit zerschnittenen Telefonbüchern hoch über den Köpfen der Leute durch die Luft geworfen. In Basel verkleiden sich die Menschen besonders gruselig, um den Winter zu vertreiben.

Lateinamerika

Hier ist zur Faschingszeit gerade Sommer. In Argentinien und Brasilien finden zum Beispiel große Umzüge statt, die Menschen tanzen zur Musik ausgelassen durch die Straßen und schmücken sich mit bunten Federn. Am bekanntesten ist der Karneval in Rio de Janeiro (Rio). Der Höhepunkt des brasilianischen Karnevals ist der große Umzug der Tanzschulen, der auch Sambadrome genannt wird. Jede Tanzschule hat dafür eigene Kostüme gebastelt und denkt sich ein eigenes kleines Programm aus. Am Ende des Umzugs werden Punkte für die beste Vorführung verteilt und der Sieger wird gekürt.
In Mexiko wählt man ein „Kinderprinzenpaar" und einen „König der Freude".

Fasching in verschiedenen Ländern (3)

USA

Im Bundesstaat Louisiana liegt die Stadt New Orleans. Die Faschingszeit heißt hier „Mardi Gras". Das kommt aus dem Französischen und bedeutet „fetter Dienstag". Die Zeit für den Mardi Gras beginnt am 7. Januar und endet am Faschingsdienstag. In den letzten fünf Tagen finden viele schöne Umzüge mit riesigen, bunt geschmückten Paradewagen statt.
Es gibt sogar einen eigenen Mardi-Gras-Kuchen, den King Cake. Die offiziellen Farben des Mardi Gras sind Lila, Grün und Gold.

Die Geschichte des Faschings

Karneval, Fastnacht oder Fasching heißt die Zeit der Ausgelassenheit und Fröhlichkeit vor Beginn der Fastenzeit.
Die Faschingszeit dauert vom 11. November, 11.11 Uhr, bis zum Aschermittwoch. Viele Menschen nennen diese Zeit auch die „fünfte Jahreszeit".
Am 11. November erwachen die Narren und beginnen die Vorbereitungen für die Faschingsfeiern. Ab dem 7. Januar, dem Tag nach den Heiligen Drei Königen, wird dann bis zum Aschermittwoch gefeiert. Dann beginnt die Fastenzeit.
Begonnen hat der Karneval vor 5000 Jahren. Ursprünglich war es ein Fest zu Ehren der Götter. Man dankte für die gute Ernte und feierte die Fruchtbarkeit der Erde. Zu Anfang malten sich die Leute die Gesichter an. Später stellten sie Masken her und veranstalteten Umzüge und Paraden.
Im Mittelalter feierte man Karneval auch, um die bösen
Geister und den kalten Winter zu vertreiben. Dafür wurde mit Rasseln, Schellen und anderen Instrumenten großer Lärm gemacht.
Diener und ihre Herren feierten gemeinsam und tranken und aßen viel. Hinter ihren Masken erkannte man sie nicht. Auch schenkten sie sich gegenseitig kleine Rosen. Später wurde daraus wahrscheinlich unser Konfetti.
Schon zu dieser Zeit veranstalteten sie auch farbenprächtige Umzüge, bei denen geschmückte Wagen umhergezogen wurden.

Woher stammen die Wörter Fasching, Karneval und Fastnacht?

Das Wort **Fasching** kommt von „fasen".
Das ist ein altes Wort für „närrisch oder lustig sein".

Das Wort **Karneval** kann man unterschiedlich erklären:

1. Es könnte vom lateinischen „carne valis" kommen. Dies bedeutet übersetzt „Fleisch, lebe wohl" und deutet auf die kommende Fastenzeit hin.

2. Es könnte aber auch von „carrus navalis" abstammen. Das bedeutet übersetzt „Schiffswagen" oder „Narrenschiff". Das könnte auf die Faschingsumzüge hinweisen.

Das Wort **Fastnacht** kannst du selbst schon erraten. Es kommt von der bevorstehenden Fastenzeit und beschreibt, dass in der Nacht vor Beginn der Fastenzeit noch einmal kräftig gefeiert wird.

Aufgaben zu den Faschingstexten (KV 71–74)

Die Geschichte des Faschings

1. Lies deinem Partner oder deiner Gruppe einen der Infotexte über die Geschichte des Faschings laut vor.
2. Unterhaltet euch darüber.
3. Hast du etwas nicht verstanden? Frage nach!
4. Unterstreiche wichtige Informationen im Text.
5. Erzähle anderen Kindern davon.

Fasching in verschiedenen Ländern

1. Lies zusammen mit deinem Partner oder deiner Gruppe die Texte über den Fasching in anderen Ländern.
2. Unterstreiche wichtige Informationen im Text.
3. Suche dir ein Land aus und gestalte mit anderen Kindern ein Plakat dazu.
4. Stellt das Land der Klasse vor.

Der Ball der Tiere

„Wir geben einen Ball", sagt die Nachtigall.
„Was werden wir speisen?", fragen die Meisen.
„Strudel!", bellt der Pudel.
„Was werden wir trinken?", singen die Finken.
„Bier!", brüllt der Stier.
„Wein!", grunzt das Schwein.
„Kümmel!", wiehert der Schimmel.
„Auch Tee?", fragt das Reh.
„Wir werden tanzen", sagen die Wanzen.
„Wer wir uns blasen?", fragen die Hasen.
„Ein Hirt wird flöten", unken die Kröten.
„Wie lange?", fragt die Schlange.
„Bis 12?", heulen die Wölf'.
„Aber wo?", fragt der Floh.
„Im Jägerhaus!", sagt die Maus.
Und damit war die Sitzung aus.

Aufgaben:
1. Lies das Gedicht.
2. Unterstreiche Reimwörter mit der gleichen Farbe.
3. Reime auf deinem Block weiter!

Fastnacht der Tiere

„Fastnacht feiern auch wir!",
brüllt der _____ .
„Wir wollen lustig sein!",
grunzt das _____ .
„Wir wollen trinken!",
zwitschern die _____ .
„Ein ganzes Fass!",
meint der _____ .
„Wir wollen tanzen!",
rufen die _____ .
„Wie ziehen wir uns an?",
fragt der _____ .
„Als Frau und Mann!",
kräht der _____ .
„Ich gehe als Schäfer!",
brummt der _____ .
„Und ich als Musikant!",
dröhnt der _____ .
„Ich gehe als Frau!",
krächzt der _____ .
„Und ich als Graf!",
blökt das _____ .
„Wann beginnt der Ball?",
flötet die _____ .
„Um die neunte Stund'!",
bellt der _____ .
„Wann gehn wir nach Haus?",
pfeift die _____ .
„Wenn der Wein getrunken",
quaken die _____ .
„Auf zum Fastnachtsball",
brüllen, grunzen, zwitschern, krähen, brummen,
flöten, blöken mit lautem Schall
die Tiere all.

Volksgut

Lies das Gedicht und setze die Tiernamen aus dem Kasten ein.

Käfer, Finken, Stier, Pfau, Unken, Hahn, Elefant, Schaf, Hund, Schwein, Wanzen, Schwan, Nachtigall, Maus, Has'

An Fasching

Indianer oder Tiger,

du kannst alles sein:

Prinzessin oder Monster

oder Obelix mit Hinkelstein.

Sogar als Sträfling oder Dieb

haben dich die Menschen lieb.

Doch wenn der Fasching vorüber ist,

sei bitte wieder, wer du bist.

1. Lies dir den Text zuerst leise mehrfach durch.
2. Übe mit deinem Partner, den Text betont und flüssig zu lesen.
3. Übe so lange, bis dein Partner zufrieden ist.
4. Tauscht dann die Rollen.

Lies und male Fridolin!

Fridolin, der Faschingsclown

Fridolin ist bunt angezogen und geschminkt.
Er trägt eine lange, grüne Hose mit lila Streifen, die ihm viel zu groß ist.
Sein gelbes Hemd hat einen roten Kragen und lange Ärmel.
Die sechs großen, blauen Knöpfe sind sehr schön anzusehen.
Er ist sehr stolz darauf.
Um den Hals ist eine große, rosa Schleife gebunden.
Heute hängt sie schief.
Fridolin ist ein fröhlicher Clown und er lacht.
Die roten Locken spitzen unter dem schwarzen Hut hervor.
Auf dem Hut wackelt eine gelbe Blume.
Die viel zu großen braunen Schuhe sind heute nicht geputzt.

Wortkärtchen und Übungen zum Grundwortschatztraining

- Schneide die Wörter aus und ordne sie nach dem ABC.
- Spielt zu zweit Memory mit den Kärtchen.
- Mache ein Laufdiktat mit den Wörtern.
- Bilde Sätze, in denen die Wörter vorkommen.
- Markiere die Aufpassstellen.
- Lasse dir weitere Übungen einfallen, um die Wörter zu trainieren.

Auge	Arm	Bauch
Bäuche	Bein	Fuß
Gesicht	Haare	Hals
Hälse	Hand	Hände
Hose	Kleid	Kleider
Mund	Münder	Nase
Ohr	Rock	Schuh
Schuhe	blau	braun
gelb	gelbe	grün
rot	schwarz	weiß

Wörter mit F/f und V/v

Wie schreibt man die Wörter?
Schlage im Wörterbuch nach! Suche bei F und V.

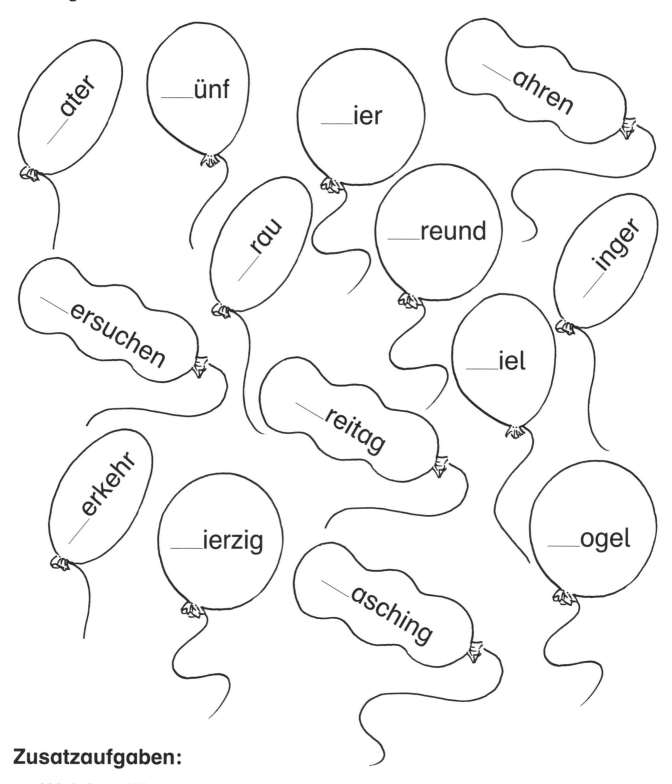

Zusatzaufgaben:

1. Welches Wort gibt es mit beiden Anfangsbuchstaben?
2. Finde mindestens 10 Tunwörter mit den Vorsilben ver- und vor-.
   Schreibe sie auf deinen Block.

Purzelwörter

Hier sind die Buchstaben durcheinander gepurzelt!
Schreibe die Wörter mit Begleiter auf deinen Block!

A r m	M u d n	A u e g
H n d a	t o r	n au b r
N e s a	s ch r a z w	g ü n r
l b au	H e s o	g l e b
B ei n	au B ch	ei K d l

Sätze springen

Springe nach Anweisung und schreibe die Rätsel auf!
Löse die Rätsel (Hilfe steht im Kasten!).

	A	B	C	D
1	In	und	gelben	rote
2	Meine	meinem	Bällen	zur
3	Ich	Füße	jongliere	ist
4	und	Gesicht	haben	grünen
5	eine	Hände	mit	Nase
6	bewege	Arme	belle	Musik
7	Fell	Ich	Beine	ich

1: 1A-2B-4B-3D-5A-1D-5D.

2: 3A-3C-5C-1C-1B-4D-2C.

3: 2A-6B-1B-7C-4C-7A-1B-7D-6C.

4: 7B-6A-3B-4A-5B-2D-6D.

Hund, Tänzerin, Akrobat, Clown

Faschingswörter sammeln

Hier haben Kinder Faschingswörter aufgeschrieben.

1. Lies sie genau durch und streiche unpassende Wörter durch!
2. Fallen dir noch mehr Faschingswörter ein? Schreibe sie dazu!
3. Schreibe auf der Rückseite eine Faschingsgeschichte und male dazu!

Maske, Kostüm, verkleiden, Ostern, verrückt sein, Knallpistolen, Cowboyhut, Piratenschwert, Piratenschatz, Indianerkostüm, Zauberer, Zauberstab, Polizeihandschellen, Polizeikostüm, weinen, Gespenst, Spaß, lustig, Luftschlangen, schminken, Hausaufgaben, Verkleidung, Clown, Spiele, Perücke, lachen, singen, Lieder, Prinzessin, Beleuchtung, schön, Pirat, Konfetti, Luftballon, langweilig, Kinder, Krapfen

Eine Faschingsgeschichte

Faschingswörter sortieren

Klasse 1: Suche alle Namenwörter und schreibe sie mit Begleiter auf deinen Block!

Klasse 2: Sortiere die Faschingswörter in die Tabelle unten ein!

Gesicht, bewegen, rot, gelb, groß, Haare, Hals, Kleid, Nase, tanzen, verkleiden, schminken, Hexe, feiern, lustig, lachen, Clown, Kostüm, fröhlich, blau, Bauch, Auge, Schminke, Hand, Ohr

Namenwörter	Tunwörter	Wiewörter

Kannst du die Wortarten?

Kreuze an!

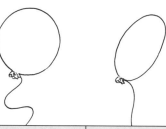

	Namenwort	Tunwort	Wiewort	sonst. Wort
Pirat				
fürchterlich				
gefährlich				
Hose				
Prinzessin				
Spaß				
aufgeregt				
Fasching				
lustig				
reich				
Freunde				
zielen				
fleißig				
tapfer				
Luftballon				
loben				
fliegen				
schneiden				
freundlich				

Was Kinder im Fasching alles tun!

Überlege dir mit deinem Partner viele Tunwörter, die zu Fasching passen und schreibe sie auf.

Im Kasten wurde schon begonnen:

lachen, schminken, feiern, trinken, singen, erschrecken …

Spielt die Wörter einer anderen Gruppe vor!

Tragt die Wörter jetzt gemeinsam in die Tabelle unten ein!

ich	du	er/sie
ich verkleide mich	du verkleidest dich	er verkleidet sich

Das Sams zaubert Punkte!

Überlege dir mit deinem Partner, wie die Wörter in der Tabelle in der Mehrzahl lauten!

Tipp: Das Sams zaubert in der Mehrzahl immer zwei Punkte dazu!

Einzahl	Mehrzahl
Ball	
Bauch	
Hals	
Hand	
Kopf	
Vogel	
Fuß	
Mann	
Rock	

Markiere mit Farbe, was sich verändert hat!

Fällt dir etwas auf?

Versuche, noch weitere Wörter zu finden, bei denen die Mehrzahl nach dieser Regel gebildet wird!

Gruselige Kleistermasken

An Fasching möchtest du dir vielleicht eine Maske basteln.
Wie das am besten geht, zeigen dir die Bilder.
Versuche, eine Anleitung zum Basteln zu schreiben!
Die Wörter in den Kästen helfen dir!
Bestimmt könnt ihr dann in der Klasse die Bauanleitung ausprobieren!

1. Das braucht man:

Zeitungspapier, Schüssel,
weißes Papier, Luftballon, Schere,
Schneebesen, Kleister, Gummi

2. Vorbereitungen:

Kleister anrühren, Anleitung auf
Packung, Zeitung reißen, kleine
Stücke

3. Erste Schritte:

Luftballon aufblasen, Papierstücke einkleistern, vier Lagen

4. Am nächsten Tag:

trocknen, einen Tag und eine Nacht, in zwei Hälften schneiden

5. Das Gesicht modellieren:

Ohren, Nase, Haare, modellieren, kräftig einkleistern, ankleben

6. Die Maske fertig modellieren:

> zwei Schichten weißes Papier,
> über Nacht trocknen,
> Löcher für das Gummi

7. Die Maske fertigstellen:

> Augenlöcher, Mundöffnung,
> schneiden, Farben, bemalen, bunt

8. So soll meine Maske aussehen:

Auf der Faschingsparty

Betrachte das Bild und versuche, möglichst viele der Aufgaben auf den Kärtchen zu lösen.

Schreibe deine Lösungswege und Ergebnisse auf den Block!

Fragen zur Faschingsparty

(zu KV 94, S. 106)

Fragestellungen für Klasse 1:

Was kannst du alles zählen? Schreibe auf!	Finde Plusaufgaben zum Bild und schreibe sie auf!
Finde Minusaufgaben zum Bild und schreibe sie auf!	Zu welchen Dingen gibt es verschiedene Plus- und Minusaufgaben? Schreibe auf!
Fehlen Dinge auf dem Bild? Schreibe auf und male dazu!	

Fragestellungen für Klasse 2:

Finde Plus- und Minusaufgaben zum Bild. Schreibe sie auf!	Finde Malaufgaben zum Bild und schreibe sie auf!
Bei welchen Anzahlen lohnt sich eine Malrechnung nicht? Begründe!	Was haben die Getränke etwa gekostet? (Rechne mit 1,50 € pro Flasche.)
Welche Anzahlen kannst du besser mit einer Malaufgabe bestimmen?	Denke dir selbst Aufgaben zu einer Faschingsparty aus und schreibe sie für deine Klassenkameraden auf!

Lustiges Faschings-Rechenpuzzle

12 + 6 =	17 − 5 =	11 + 6 =	
7 + 3 =	12 − 2 =	13 + 6 =	18 − 6 =
10	10	19	12
5 + 4 =	8 − 5 =	17 − 6 =	
15 − 3 =	4 + 5 =	14 − 3 =	4 + 5 =
12	9	11	9
20 − 7 =	14 + 6 =	11 + 8 =	
14 + 3 =	15 − 4 =	2 + 7 =	14 − 4 =
17	11	9	10
20 − 5 =	6 + 4 =	14 − 3 =	
19 − 8 =	17 + 3 =	16 − 5 =	15 + 5 =
11	20	11	20
16 − 4 =	11 + 7 =	12 + 5 =	
	12	18	17

Rechenlabyrinth

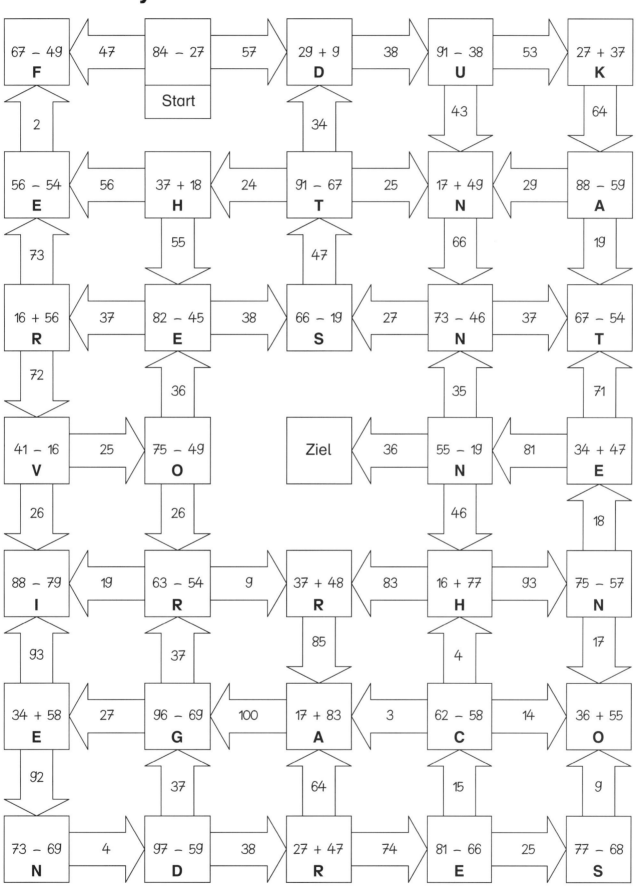

Lösung: _ !

Aufgabenkärtchen für das Mathespiel Klasse 1

(Spielplan siehe KV 105)

Kärtchen für Klasse 1:

Rechne aus! 13 − 8 = (5)	Rechne aus! 7 + 8 = (15)	Meine Zahl ist um 4 kleiner als 11! (7)
Welche Zahlen liegen zwischen 12 und 16? (13−14−15)	Wie viele Zahlen liegen zwischen 13 und 19? (5 Zahlen)	Meine Zahl ist doppelt so groß wie 8. (16)
Rechne aus! 14 − 8 = (6)	Rechne aus! 9 + 8 = (17)	Meine Zahl ist um 9 größer als 11! (20)
Rechne aus! 20 − 8 = (12)	Rechne aus! 12 + 8 = (20)	Meine Zahl ist um 7 kleiner als 13! (6)
Rechne aus! 18 − 13 = (5)	Rechne aus! 5 + 13 = (18)	Meine Zahl ist um 12 größer als 3! (15)
Rechne aus! 14 − 14 = (0)	Rechne aus! 2 + 15 = (17)	Meine Zahl ist um 15 kleiner als 19! (4)
Rechne aus! 17 − 14 = (3)	Rechne aus! 5 + 9 = (14)	Meine Zahl ist um 11 größer als 2! (13)
Wie viele Flügel haben 5 Vögel und 3 Fledermäuse? (16)	Zähle in Zweiersprüngen von 20 rückwärts! (20−18−16−14−12−10−8−6−4−2)	Zähle in Dreiersprüngen von 1 bis 19! (1−4−7−10−13−16−19)

Aufgabenkärtchen für das Mathespiel Klasse 2

(Spielplan siehe KV 105)

Kärtchen für Klasse 2:

Wie viele Zahlen mit zwei gleichen Ziffern gibt es zwischen 1 und 100? (9)	Nenne die Zehnerzahlen von 100 rückwärts! (100–90–80–70–60–50–40–30–20–10)	Zähle in Fünfersprüngen von 7 bis 42! (7–12–17–22–27–32–37–42)
Die gesuchte Zahl ist um die Hälfte größer als 32! (48)	Rechne aus! 100 – 45 – 31 = (24)	Wie viele Beine haben 4 Hunde und 9 Vögel? (34)
Rechne aus! 6 · 4 = (24)	Rechne aus! 5 · 2 = (10)	Rechne aus! 2 · 8 = (16)
Rechne aus! 8 · 4 = (32)	Rechne aus! 2 · 2 = (4)	Rechne aus! 3 · 8 = (24)
Rechne aus! 3 · 4 = (12)	Rechne aus! 3 · 2 = (6)	Rechne aus! 4 · 8 = (32)
Rechne aus! 2 · 4 = (8)	Rechne aus! 4 · 2 = (8)	Rechne aus! 5 · 8 = (40)
Rechne aus! 5 · 4 = (20)	Rechne aus! 6 · 2 = (12)	Rechne aus! 6 · 8 = (48)
Rechne aus! 7 · 4 = (28)	Rechne aus! 7 · 2 = (14)	Rechne aus! 7 · 8 = (56)

Clownmasken basteln (1)

Zum Basteln einer Clownmaske benötigt man nicht viel.
Die Zutaten siehst du unten! Schneide aus und versuche, mit den
Einzelteilen möglichst viele verschiedene Masken zu legen!

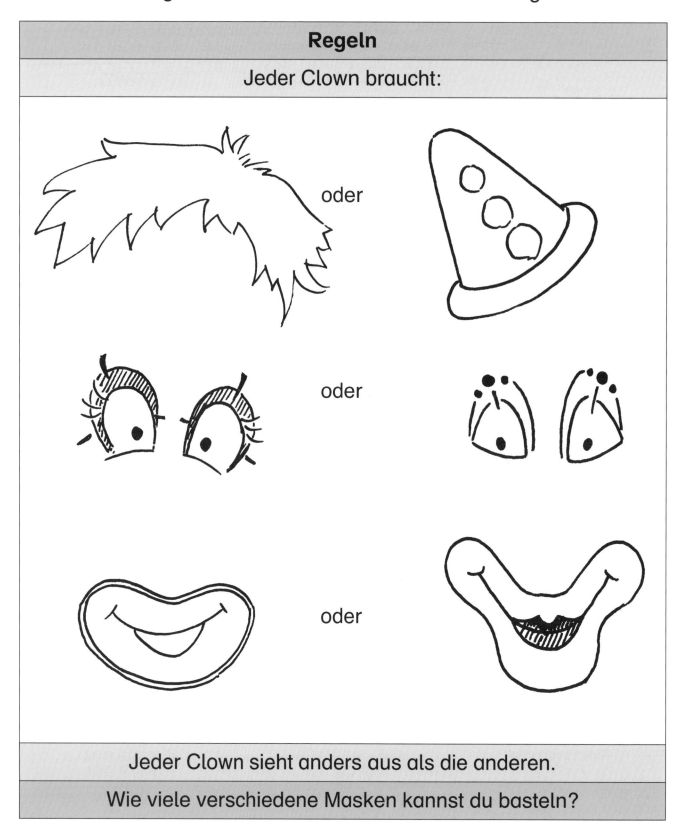

Clownmasken basteln! (2)

Wie viele verschiedene Masken hast du gelegt? Male es auf.

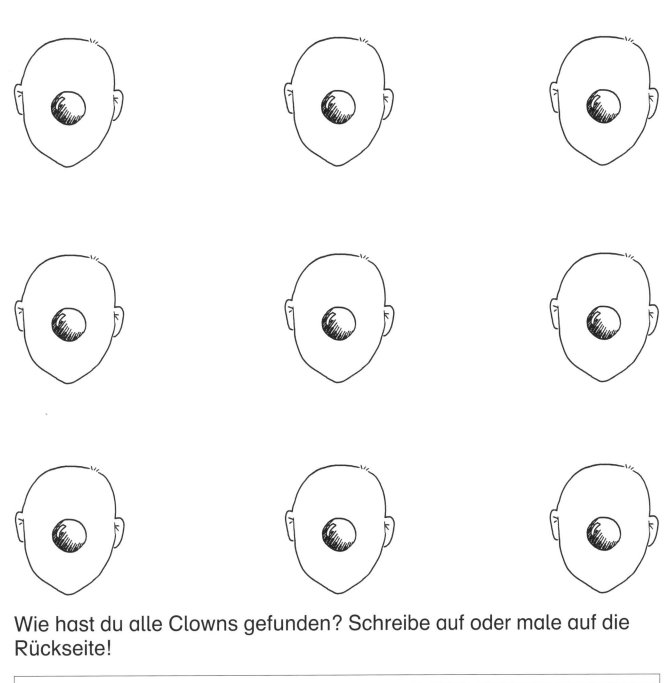

Wie hast du alle Clowns gefunden? Schreibe auf oder male auf die Rückseite!

Fragekärtchen für das Faschingsspiel

(Spielplan siehe KV 105)

Was trägt die Prinzessin auf dem Kopf? *(eine Krone)*	Wer trägt eine Rüstung? *(der Ritter)*	Zu welchem Kostüm gehören Säbel und Augenklappe? *(zum Piraten)*
Was kannst du aufsetzen, damit du nicht erkannt wirst? *(eine Maske)*	Was brauchst du, um dein Gesicht farbig zu gestalten? *(Schminke)*	Was trägt der Cowboy auf dem Kopf? *(einen Cowboyhut)*
Wer hat eine rote Nase und bringt die Leute zum Lachen? *(der Clown)*	Wie heißt das runde, süße Faschingsgebäck? *(Krapfen)*	Was trägt ein Indianer auf dem Kopf? *(Federn)*
Zu welchem Kostüm gehören ein Besen und ein spitzer Hut? *(zur Hexe)*	Was braucht ein Zauberer? *(Zauberstab und Zauberhut)*	Was wird auf einer Faschingsparty oft verstreut? *(Konfetti)*
Wie heißt die lange, leichte und bunte Faschingsdekoration? *(Luftschlange)*	Nenne ein anderes Wort für Fasching! *(Fastnacht oder Karneval)*	Wie heißt der letzte Tag des Faschings? *(Faschingsdienstag)*
An welchem Tag ist der Fasching vorbei? *(am Aschermittwoch)*	An welchem Datum „erwachen" die Faschingsnarren? *(am 11. November)*	Wo heißt der Fasching Mardi Gras? *(in New Orleans)*
Welches sind die offiziellen Farben des Mardi Gras? *(Lila, Grün, Gold)*	Wie heißt der Tag vor dem Faschingsdienstag? *(Rosenmontag)*	In welchem Land wird an Fasching ein Kinderprinzenpaar gewählt? *(in Mexiko)*
Wie heißt der Fasching in der Schweiz? *(Fasnacht)*	Warum wurde Fasching früher gefeiert? *(Erntedank)*	In welchem Monat liegt der Rosenmontag? *(im Februar)*

So kannst du dir eine Faschingsmaske schnell selbst bauen!

Bastelanleitung

Das brauchst du:

1. eine Papiertüte
2. Wachsmalkreiden
3. Schere und Kleber

So geht es:

1. Schneide zwei Augen und einen Mund in die Tüte.
2. Gestalte deine Maske farbig.
3. Verziere die Maske mit Materialien aus der Kiste.

Tierisches

Wenn der Elefant in die Disko geht

Melodie und Text: K. W. Hoffmann

1. Wenn der Elefant in die Disko geht, weißt du, wie er sich auf der Tanzfläche dreht? Ganz gemütlich setzt er einen vor den andern Schuh und schwingt seinen Rüssel im Takt dazu. Eins, zwei, drei und vier, der Elefant ruft: »Kommt und tanzt mit mir!« Fünf, sechs, sieben, acht und alle haben mitgemacht!

2. Wenn der Bär in die Disko geht,
   weißt du, wie er sich auf der Tanzfläche dreht?
   Die Vordertatzen hebt er und brummt ganz leis
   und dreht sich langsam um sich selbst im Kreis.

   … der Bär ruft …

3. Wenn der Affe in die Disko geht,
   weißt du, wie er sich auf der Tanzfläche dreht?
   Er baumelt mit den Armen und er hüpft ein Stück
   nach links und nach rechts, vor und wieder zurück.

   … der Affe ruft …

4. Wenn das Stinktier in die Disko geht,
   weißt du, wie es sich auf der Tanzfläche dreht?
   Es tanzt Rock 'n' Roll und sein angenehmer Duft,
   wie französisches Parfüm, erfüllt die Luft.

   … das Stinktier ruft …

Bewegt euch wie die Tiere zum Lied.

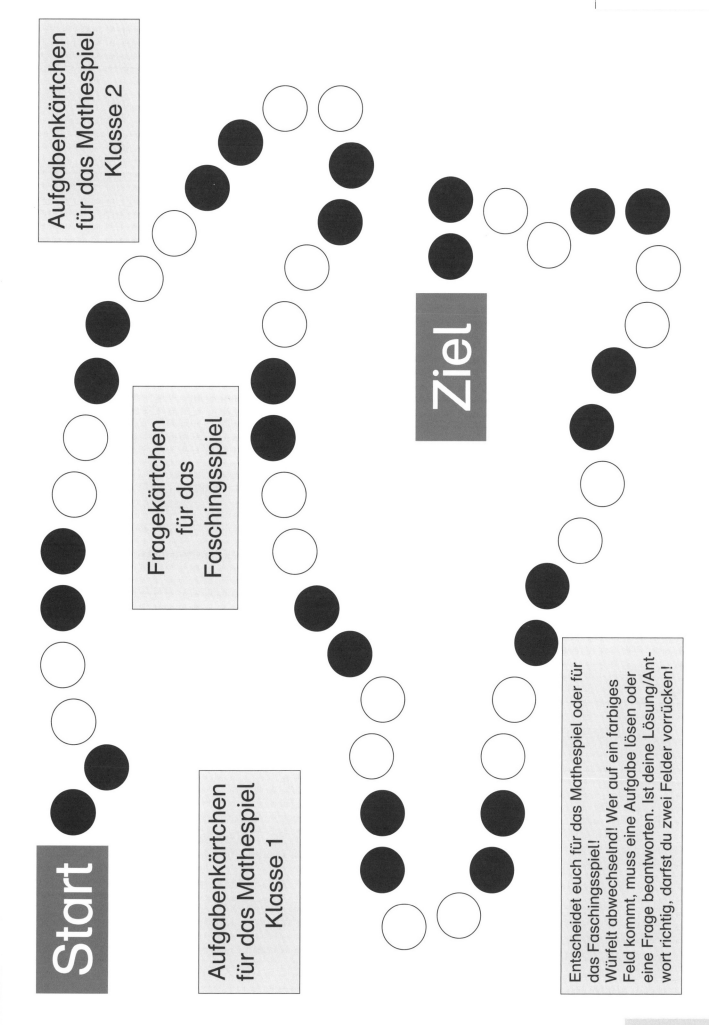

Lösungen

Seite 21, KV 9, Lies die Sätze und kreuze an!:
Rohe Kartoffeln sind giftig. **JA**
Äpfel wachsen unter der Erde. **NEIN**
Karotten sind Wurzeln. **JA**
Äpfel und Birnen sind Kernobst. **JA**
Zitronen schmecken süß. **NEIN**
Aus Beeren kann man Marmelade machen. **JA**
Rettich wächst am Baum. **NEIN**
Obst enthält viele Vitamine. **JA**
Man sollte jeden Tag Obst essen. **JA**
Zu viel Gemüse essen ist gefährlich. **NEIN**
Paprika enthält viel Vitamin C. **JA**
Sauerkraut wird aus Weißkohl gemacht. **JA**
Ananas und Mango sind Südfrüchte. **JA**

Seite 25, KV 13, Jede Frucht hat einen Namen:
Apfel, Birne, Erdbeere, Pflaume, Apfelsine, Ananas, Banane, Zitrone, Walnuss

Seite 26, KV 14, Viele Früchte zählen:
Gemüsesorten: Mohrrübe, Rettich, Salat, Tomate, Bohne, Gurke
Anzahlen: vier (Mohrrüben), drei (Rettiche), sechs (Salatköpfe), neun (Tomaten), zehn (Bohnen), zwei (Gurken)

Seite 27, KV 15, Obst und Gemüse sortieren:
der: Rettich, Salat, Kohlrabi, Grünkohl
die: Ananas, Banane, Traube, Gurke
das: Radieschen, Weißkraut

Seite 30, KV 18, Gemüserätsel:
1. Tomate, 2. Gurke, 3. Broccoli, 4. Weißkohl, 5. Bohne

Seite 36, KV 24, Gesundes Pausenbrot:
1. Zutaten für die Klassen 1a und 1b: 40 Scheiben Brot, 65 Scheiben Tomaten, 30 Streifen Käse, 85 Scheiben Gurke, 40 Scheiben Karotten, 11 Eier, 32 Stifte Karotten
2. Zutaten für die Klasse 2a: 45 Scheiben Brot, 105 Scheiben Tomate, 30 Streifen Käse, 40 Scheiben Gurke, 32 Scheiben Karotten, 16 Eier, 60 Stifte Karotten

Seite 37, KV 25, Energiedrink aus Obst:
1. Obst für 20 Kinder: 40 Apfelsinen, 5 Zitronen, 10 Bananen, 10 Kiwis, 10 Esslöffel Honig, fünf Hand voll Beeren
2. Für 20 Personen kostet das Obst 16 Euro.
3. Für 24 Kinder müssen gekauft werden: 48 Apfelsinen, 6 Zitronen, 12 Bananen, 12 Kiwis, 12 Esslöffel Honig, sechs Hand voll Beeren

Die Beispielaufgaben für den Obstsalat werden von den Kindern frei gefunden.

Seite 38, KV 26, Mein Lieblingsobst:
Jonathan mag am liebsten Kiwis, Marcel mag Pfirsiche und Samira Trauben.

Seite 39, KV 27, Obst und Gemüse mit dem Zahlen-ABC:
1. Karotten, Lauch, Fenchel
2. Kiwi, Banane, Ananas, Birne

Seite 40, KV 28, Wir helfen dem Obst- und Gemüsehändler (1):
14 Äpfel, 6 Ananas, 9 Kürbisse, 18 Kohlrabi, 4 Karotten, 19 Kartoffeln, 8 Bananen, 16 Kiwis, 7 Stangen Lauch, 13 Paprika

Seite 41, KV 29, Wir helfen dem Obst- und Gemüsehändler (2):
63 Zitronen, 41 Limonen, 34 Apfelsinen, 56 Mandarinen
10er-Kisten: 6 Kisten Zitronen, 3 Kisten Limonen, 3 Kisten Apfelsinen, 5 Kisten Mandarinen
Einzelne: 3 einzelne Zitronen, 1 Limone, 4 einzelne Apfelsinen, 6 einzelne Mandarinen

Seite 42, KV 30, Wir helfen dem Obst- und Gemüsehändler (3):
44 Äpfel, 50 Birnen, 18 Schalen Himbeeren, 12 Körbe Zwetschgen, 24 Kürbisse, 30 Gurken
Zusammen: 44 Äpfel, 50 Birnen, 18 Schalen Himbeeren, 12 Körbe Zwetschgen, 24 Kürbisse, 30 Gurken
Herr Grünlich bzw. Herr Schmitt: 22 Äpfel, 25 Birnen, 9 Schalen Himbeeren, 6 Körbe Zwetschgen, 12 Kürbisse, 15 Gurken

Seite 43, KV 31, Wir helfen dem Obst- und Gemüsehändler (4):
Herr Schmitt bestellt die gleichen Mengen wie Herr Grünlich.
Zusammen: 14 Ananas, 24 Mangos, 40 Kiwis, 50 Pfirsiche, 100 Nektarinen, 100 Bananen
Jeder der beiden muss 68 Euro bezahlen.

Seite 57, KV 45, Wissenswertes über Hunde:
Mischling – Rudel – Gebiss – Fleischfresser – Nase – Duftmarken – hören – Geräusche

Seite 60, KV 48, Ottos Mops:
2. Otto, Mops, Koks, Obst
3. **Namenwörter:** Otto, Mops, Koks, Obst

Tunwörter: trotzt, hopst, holt, horcht, hofft, klopft, komm, kommt, kotzt
sonst. Wörter: fort, so, ogottogott

Seite 66, KV 54; Wörter für Haustiere:
Diese fünf Wörter passen nicht dazu: dunkelblau, Pommes, Feuerwehrauto, ärgern, schmücken

Seite 70, KV 58, Hundeberufe:
Polizeihund, Jagdhund, Wachhund, Hütehund, Schlittenhund, Rettungshund, Blindenhund

Seite 71, KV 59, Katzenwörter:
die Katzenwäsche, die Katzenrassen, das Katzengebiss, die Katzennahrung, die Katzenkinder, der Katzenfreund, der Katzenkorb, die Katzenhaare, der Katzenjammer, die Wildkatze, die Hauskatze

Seite 72, KV 60, Eine Katze versorgen:
Bild 1: füttern, Bild 2: streicheln, Bild 3: reinigen, Bild 4: spielen, Bild 5: bürsten

Seite 77, KV 65, Tierische Rekorde:
Hummelkolibri: Eine 2-Euro-Münze wiegt so viel wie 6 Kolibris.
Kolibri: 3000-mal schlägt der Kolibri in der Minute mit den Flügeln.

Seite 78, KV 66, Im Tierheim ist was los!:
Hier können nur Beispiele angegeben werden, da die Aufgabenstellung frei ist.
Hunde im Zwinger: 2 + 2 + 1 + 1 = 6
Katzen im Zwinger: 4 + 4 = 8
Katzen insgesamt: 8 + 2 = 10

Seite 82, KV 70, Tierische Redensarten:
Ich bin hundemüde. – Sehr müde sein.
Die Katze im Sack kaufen. – Nicht wissen, was man bekommt.
Den Letzten beißen die Hunde. – Der Langsamste scheidet aus.
Hunde, die bellen, beißen nicht. – Er wird seine Drohung nicht wahr machen.
Da liegt der Hund begraben. – So ist das also.
Die Katze lässt das Mausen nicht. – Er macht es immer wieder.
Sie sind wie Hund und Katz. – Sie mögen sich nicht.
Ich fühle mich pudelwohl. – Mir geht es gut.
Ich bin pudelnass. – Ich bin von oben bis unten nass.
Ich fühle mich hundeelend. – Es geht mir schlecht.

Seite 94, KV 82, Wörter mit F/f und V/v:
Vater, fünf, vier, fahren, Frau, Freund, Finger, versuchen, Freitag, viel, Verkehr, vierzig, Fasching, Vogel

Seite 95, KV 83, Purzelwörter:
Arm, Mund, Auge, Hand, rot, braun, Nase, schwarz, grün, blau, Hose, gelb, Bein, Bauch, Kleid

Seite 96, KV 84, Sätze springen:
1: In meinem Gesicht ist eine rote Nase. – Clown
2: Ich jongliere mit gelben und grünen Bällen. – Akrobat
3: Meine Arme und Beine haben Fell und ich belle. – Hund
4: Ich bewege Füße und Hände zur Musik. – Tänzerin

Seite 97, KV 85, Faschingswörter sammeln:
Unpassende Wörter: Ostern, weinen, Hausaufgaben, langweilig

Seite 99, KV 87, Faschingswörter sortieren:
Namenwörter: Gesicht, Haare, Hals, Kleid, Nase, Hexe, Clown, Kostüm, Bauch, Auge, Schminke, Hand, Ohr
Tunwörter: bewegen, tanzen, verkleiden, schminken, feiern, lachen
Wiewörter: rot, gelb, groß, lustig, fröhlich, blau

Seite 106, KV 94, Auf der Faschingsparty:
Auch hier können nur Beispiele angegeben werden, da die Aufgabenstellung frei ist.
Luftballons: 4 · 4 = 16
Teller: 2 · 10 = 20
Limoflaschen: 4 · 5 = 20

Seite 112/113, KV 100 und KV 101, Clownmasken basteln:
8 verschiedene Masken

Der neue Pädagogik-Fachverlag für Lehrer/-innen
Materialien für differenziertes und individuelles Lernen in der Grundschule!

Almuth Bartl

Leserätsel

Mit Rudi Karotti lesen üben

Kopiervorlagen

1./2. Klasse

52 S., DIN A4,
Best.-Nr. 288

2./3. Klasse

52 S., DIN A4,
Best.-Nr. 289

Leserätsel, die zum Lesen verführen!
Diese Bände enthalten eine Fülle an abwechslungsreichen Leserätseln für Leseanfänger und Leseprofis. Trainiert wird neben dem Lesen von einzelnen Wörtern, kurzen Sätzen und kleinen Texten auch der Umgang mit anspruchsvolleren Texten: Die Kinder spuren versteckte Wörter nach, lösen Bilder-, Silben- und Gitterrätsel, spüren Begriffe auf, die nicht in eine logische Reihe passen, finden Unsinnssätze heraus, entziffern Botschaften in Geheimsprache, ordnen Texten Bilder zu und umgekehrt, lüften Rudis Computer-Geheimnis, vervollständigen Bilder nach Vorgabe, machen Bekanntschaft mit dem Tyrannosaurus Rex und vieles mehr.
Geeignet für Einzel- und Partnerarbeit. Ideal auch für die Freiarbeit und den differenzierten Unterricht.

Wolfgang Wertenbroch

Individuelle Rechtschreibförderung

Teilleistungen des Rechtschreibens verstehen, diagnostizieren und trainieren

56 S., DIN A4,
mit Kopiervorlagen
Best.-Nr. 305

Der Band klärt, welche Teilleistungen für das Rechtschreiben erforderlich sind. Aufgrund von Fehlern zeigen sich die Schwächen, die bei einem Kind vorhanden sind. Es werden Maßnahmen zur gezielten Förderung entwickelt und beispielhaft dargestellt. Mit diesem Konzept wird gelernt und geübt, stets orientiert an den aktuellen Lerninhalten und dem jeweiligen Rechtschreibwortschatz.

Renate Potzmann

Wie lerne ich erfolgreich?

Planvolles Lernen und Arbeiten in der Schule und zu Hause

3./4. Klasse

116 S., DIN A4,
mit Kopiervorlagen
Best.-Nr. 407

Ein **umfassendes Praxisbuch** mit einer Fülle von Vorlagen und Übungen! Die Trainingsbausteine ermöglichen ein Förderprogramm, das bei Grundschülern schrittweise eine **erfolgreiche Lern- und Arbeitshaltung** aufbaut. Die Kinder werden individuell auf selbstorganisiertes Lernen vorbereitet und versuchen verstärkt, eigene Lernwege zu beschreiten. Ideal für den Übertritt in die weiterführende Schule!

Bestellcoupon

Ja, bitte senden Sie mir/uns mit Rechnung

_____ Expl. Best-Nr. _____

_____ Expl. Best-Nr. _____

_____ Expl. Best-Nr. _____

_____ Expl. Best-Nr. _____

Meine Anschrift lautet:

Name / Vorname

Straße

PLZ / Ort

E-Mail

Datum/Unterschrift   Telefon (für Rückfragen)

Bitte kopieren und einsenden/faxen an:

**Brigg Pädagogik Verlag GmbH
zu Hd. Herrn Franz-Josef Büchler
Zusamstr. 5
86165 Augsburg**

☐ Ja, bitte schicken Sie mir Ihren Gesamtkatalog zu.

Bequem bestellen per Telefon/Fax:
Tel.: 0821/45 54 94-17
Fax: 0821/45 54 94-19
Online: www.brigg-paedagogik.de